옛날 동안의 만나 (하)

이재록 목사

우림

"내가 곧 생명의 떡이로라
너희 조상들은 광야에서 만나를 먹었어도 죽었거니와
이는 하늘로서 내려오는 떡이니 사람으로 하여금 먹고 죽지 아니하게 하는 것이니라
나는 하늘로서 내려온 산 떡이니 사람이 이 떡을 먹으면 영생하리라"

요한복음 6장 48~51절

발간사

거친 광야 같은 이 세상에 신령한 만나를 내려 주시는 하나님 사랑

하나님께서는 젖과 꿀이 흐르는 가나안 땅을 이스라엘 백성에게 주시겠다고 약속하셨습니다. 믿음의 조상 아브라함과 그 자손에게 주신 이 약속은 여호수아 때 부분적으로 이루어졌고, 솔로몬 때에 완전히 성취되었습니다.

젖과 꿀이 흐르는 땅이란 영적으로는 하나님께서 예비하신 천국을 의미합니다. 이스라엘 백성들이 젖과 꿀이 흐르는 가나안 땅에 들어가기까지 광야에서 생활하는 동안 하나님께서는 일용할 양식으로 '만나'를 내려 주셨습니다. 오늘날도 거친 광야 같은 이 세상을 살아가는 우리에게 사랑의 하나님께서는 '신령한 만나'를 내려 주고 계십니다. 과연 이 만나는 무엇일까요?

요한복음 6장 48~50절에 "내가 곧 생명의 떡이로라 너희 조상들은 광야에서 만나를 먹었어도 죽었거니와 이는 하늘로서 내려오는 떡이니 사람으로 하여금 먹고 죽지 아니하게 하는 것이니라" 한 대로 영원한 생명을 주는 말씀이 육신을 입고 이 땅에 오신 예수 그리스도입니다.

이처럼 예수 그리스도를 허락하신 하나님의 사랑에 감사하며 그 말씀에 오직 믿음으로 순종하면 누구든지 아름다운 천국에 이르며 이 땅에서도 푸른 초장, 쉴 만한 물가로 인도받아 풍요로움을 누릴 수 있습니다.

인도 델리 만민교회의 푸닛 형제는 다섯 살 때부터 간질로 인해 고통 속에 살았고, 늘 심한 두통과 어지럼증에 시달려야 했습니다. 그런 그가 예수 그리스도를 영접한 후, 하반신이 마비된 아버지를 위해 매일 소리를 내어 힌디어로 된 저의 저서 『십자가의 도』를 읽어 주었다고 합니다. 책을 읽는 동안 신기하게도 심했던 두통이 조금씩 사라지기 시작했고 결국 모든 병을 치료받았습니다.

그의 아버지는 제가 기도해 준 손수건을 얹고 기도를 받은 후 놀랍게도 죽었던 신경이 살아났습니다. 하반신에 감각을 느끼고 스스로 걷기 시작하여 차를 운전할 정도로 온전히 회복되었습니다. 여동생과 어머니도 열병과 온몸의 통증을 치료받았지요. 이처럼 힌두교도였던 한 가족이 예수 그리스도를 영접해 질병의 문제들이 해결되는 것을 보고 주변 사람들까지 복음화되었다고 하니 참으로 감사한 일입니다.

대학 교수 한 분은 평소 성경을 읽으면서 풀리지 않는 구절에 대한 궁금증으로 항상 갈급해 있었는데 저의 「요한계시록 강해」 설교를 들으며 신앙의 전환점을 맞이했습니다.

수많은 성경상의 의문을 시원하게 해결받으면서 날이 갈수록 믿음이 성장하여 성령의 권능으로 땅 끝까지 복음을 전하는 목회자가 된 것입니다. 이분은 아프리카 전역의 수많은 영혼을 깨우는 선교의 사역을 이루며 행복한 인생을 살고 있습니다.

·

하나님께서는 이스라엘 백성이 광야생활을 하는 동안 변함없이 만나를 내려 주시되 엿새 동안은 거두게 하시고 제칠 일은 안식하게 하셨습니다. 엿새 동안에 천지 만물을 창조하시고 제칠 일에 안식하셨듯이(창 2:2~3) 이스라엘 백성에게도 안식을 누리게 하신 것입니다.

오늘날은 주일을 거룩한 안식일로 지키고 있습니다. 성도들은 주일이 되면 교회에 모여 하나님께 경배하며 하나님의 말씀을 듣습니다. 그러면 엿새 동안은 힘써 일만 하면 되는 것일까요? 그렇지 않습니다. 하나님께서 엿새 동안 만나를 비같이 내려 주셨으니 우리도 엿새 동안 힘써 일하며 하나님 말씀을 읽고 묵상하며 불같이 기도해야 합니다.

『엿새 동안의 만나』 책자는 발간 이후 수많은 영혼을 젖과 꿀이 흐르는 가나안 땅으로 인도해 왔습니다. 상권에서는 만세 전에 감추어진 비밀인 「십자가의 도」를 깨우쳐 구원에 이를 수 있도록 하였으며, 「믿음의 단계」를 통해 하나님의 자녀가 된 뒤에도 지속적으로 믿음이 성장하여 하나님의 기쁨이 될 수 있도록 길을 제시하였습니다. 지난해 말, 상권 개정판 발간에 이어 이번에 하권을 발간합니다.

1부에는 모든 생각과 이론을 깨뜨리고 마음 밭을 개간하여 참마음과 온전한 믿음을 이루기 위한 방법이 나와 있습니다. 2부는 사람의 능력으로 불가능한 것도 창조주 하나님을 온전히 믿고 순종하면 능치 못함이 없음을, 3부에서는 영원한 삶을 위해 자기의 소유를 다 팔아 신부단장을 마쳐야 할 것에 대해 설명하였습니다.

4부는 행한 대로 갚아 주시는 하나님을 믿음으로 주어진 사명을 잘 감당하며 더 좋은 천국을 침노하는 방법, 5부에서는 숱한 핍박 속에서도 하늘의 상급을 바라보고 달려갔던 선진들처럼 의를 위해 핍박받을 수 있는 참된 그리스도인의 삶에 대해 다뤘습니다. 6부는 절기에 관한 내용으로 구성하였습니다.

이를 양식 삼는 사람마다 참마음과 온전한 믿음을 소유하여 무엇이든지 구하는 대로 응답받으며, 행한 대로 갚아 주시는 하나님의 공의로움과 사랑을 깨우치게 될 것입니다. 또한 천국에 소망을 두고 상 주시는 하나님을 바라보며 희생의 삶을 살았던 믿음의 선진들을 통해 참된 그리스도인의 길을 제시받을 수 있습니다.

모쪼록 천국 소망 가운데 어떤 환경과 조건 속에서도 믿음으로 승리하는 복된 신앙생활을 영위하시기 바랍니다. 귀한 책자를 발간할 수 있도록 인도하신 하나님께 모든 감사와 영광을 돌리며, 주 안에서 수고하신 빈금선 편집국장님과 도서출판 우림북에 감사의 마음을 전합니다.

2015년 6월, 맥추절을 앞두고

겟세마네 기도처에서 이재록 목사

목 차

목차

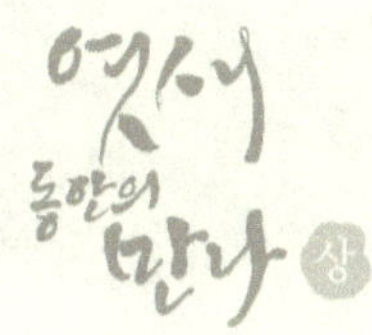
영서
동안의
만나
상

Part 1

온전한 믿음을 소유하려면

S i x - d a y   M a n n a

"우리가 마음에 뿌림을 받아

양심의 악을 깨닫고 몸을 맑은 물로 씻었으니

참마음과 온전한 믿음으로 하나님께 나아가자"

히브리서 10:22

Chapter 1

모든 생각과 이론을 깨뜨리자

하나님께서 기뻐하시는 믿음을 소유하지 못하도록
방해하는 요소가 무엇인지 깨닫게 한다.

읽을 말씀: 로마서 8:6~7

육신의 생각은 사망이요 영의 생각은 생명과 평안이니라 육신의 생각은 하나님과 원수가 되나니 이는 하나님의 법에 굴복지 아니할 뿐 아니라 할 수도 없음이라

외울 말씀: 고린도후서 10:5

모든 이론을 파하며 하나님 아는 것을 대적하여 높아진 것을 다 파하고 모든 생각을 사로잡아 그리스도에게 복종케 하니

참고 말씀: 이사야 55:8~9

여호와의 말씀에 내 생각은 너희 생각과 다르며 내 길은 너희 길과 달라서 하늘이 땅보다 높음같이 내 길은 너희 길보다 높으며 내 생각은 너희 생각보다 높으니라

육신의 생각은 사망이요 영의 생각은 생명과 평안이니라 로마서 8:6

예수 그리스도를 영접해 죄의 문제를 해결하고 하나님께서 기뻐하시는 온전한 믿음을 소유하면 능치 못할 일이 없습니다. 하나님과 교통을 이루며 항상 기쁘고 행복하게 살아갈 뿐 아니라 무엇이든지 구하는 대로 응답받을 수 있으니 부러울 것이 전혀 없지요.

반면에 "주여 주여" 하면서도 온전한 믿음을 소유하지 못해 하나님을 기쁘시게 하지 못하는 경우가 많습니다. 그렇다면 왜 믿는다 하면서도 온전한 믿음을 소유하지 못하는 것이며 그 방해 요인은 무엇일까요?

1. 믿음을 방해하는 육신의 생각

사람은 태어나 보고 듣고 배운 지식을 머릿속에 입력합니다. 이렇게 머리에 입력된 지식을 재생하여 떠올리는 것이 생각입니다. 생각에는 두 가지가 있는데 바로 육신의 생각과 영의 생각입니다.

로마서 8장 8절에 "육신에 있는 자들은 하나님을 기쁘시게 할 수 없느니라" 하신 말씀처럼 성경에서는 육신이 사람의 몸이 아닌 영적인 의미로 쓰인 경우가 많습니다.

영적으로 '육신'이란 사람의 몸과 죄성이 결합된 것을 말합니다. 미움, 혈기, 판단, 정죄, 시기, 교만 등 아직 겉으로 나타나지는 않았으나 언젠가는 행함으로 유발될 수 있는 비진리의 속성이지요.

이런 육신을 바탕으로 생각할 때 하나님의 뜻과 반대되는 악한 생각이 나오는데 이것이 바로 '육신의 생각'입니다. 다시 말해 비진리의 생각이지요. 이와 반대로 영의 생각은 하나님의 뜻에 합당한 진리의 지식을 되살려 내는 것을 말합니다. 곧 진리의 생각입니다.

육신의 생각과 영의 생각의 차이는 무엇일까요? (롬 8:6)

예를 들어, 누군가 자신에게 무례히 행하거나 애매히 비난하는 경우 자존심이 상하고 불쾌한 생각이 든다면 이것은 육신의 생각입니다. 이런 생각을 하는 사람은 불편한 마음을 상대에게 말로 표현하기도 하고, 그러지는 않는다 해도 서운해하거나 마음이 요동하며 고통을 받습니다.

하나님께서는 '섬기라, 낮아지라, 상대의 유익을 구하라' 하셨는데, 그 말씀에 순종하는 것이 손해라고 여겨지면 이 역시 육신의 생각입니다. 이러한 육신의 생각을 버리지 못하면 말씀에 순종할 수 없고 하나님께서 주시는 축복을 받을 수도 없습니다.

이처럼 육신의 생각을 하는 가장 근본적인 원인은 마음 안에 비진리, 곧 육신이 있기 때문입니다. 내 안에 진리의 지식만 있다면 당연히 영의 생각만 하게 됩니다. 그런데 영의 생각을 하려 해도 진리와 비진리를 잘 분별하지 못하여 자기도 모르게 비진리의 생각을 하는 경우도 많습니다.

육신의 생각을 버리고
영의 생각만 하려면
어떻게 해야 할까요?

예를 들어, 어떤 책에는 부모의 원수를 갚는 것이 의롭다고 나옵니다. 그 책을 읽으면 그러한 가치관을 진리로 받아들이기 쉽지요. 하지만 하나님 말씀에 비추어 보면 결코 진리가 아닙니다. 오히려 원수를 사랑하고 일흔 번씩 일곱 번이라도 용서하라고 하시지요(마 18:22).

이러한 진리의 지식이 있으면 자기를 괴롭히는 사람을 보아도 '용서해야지, 사랑해야지.' 하면서 영의 생각을 하려고 노력할 수 있습니다.

반면에 하나님 말씀과 반대되는 비진리의 지식을 지닌 사람은 '저 사람은 악하기 때문에 도무지 사랑할 수 없다.'며 자기 가치관을 따라 살아갑니다. 이처럼 육신의 생각을 하면 하나님 말씀에 순종할 수 없으므로 온전한 믿음을 소유할 수 없습니다.

2. 하나님 말씀에 위배되는 모든 이론

이론이란 어떤 지식을 바탕으로 사물의 이치나 현상 등에 대해 정립

해 놓은 논리 체계입니다. 그중에는 하나님 말씀과 상반된 것이 있어서 영적인 믿음을 갖는 데 저해 요인이 됩니다. 이론과 지식은 인류 문명의 발달에 크게 기여했지만 그렇다 해서 그것이 모두 진리는 아닙니다.

진화론을 비롯해 모든 이론은 영원히 변치 않는 진리라고 할 수 있나요?

이론은 사람의 인식과 관념으로 세운 논리일 뿐입니다. 그러니 한 가지 현상에 대해 여러 가지 이론이 있기도 하고, 예전에 옳다 하던 이론이 시간이 지나면 그르다 하는 일도 생깁니다.

이처럼 이론은 시대나 문화에 따라 달라지기도 하며, 진리도 있지만 비진리도 많습니다. 그러한 지식과 이론에 집착하면 하나님의 역사를 믿기 어렵고 말씀에 순종하지 못합니다.

예를 들어, 성경은 하나님께서 사람을 창조하셨다고 말씀하지만 학교에서는 사람이 유인원에서 진화되었다고 가르칩니다. 만일 하나의 가설에 지나지 않는 진화론을 사실로 받아들인다면 창조주 하나님을 믿기가 어렵습니다. 인간의 사고와 경험을 앞세우는 사람이 어떻게 무에서 유를 창조하신 하나님을 믿을 수 있겠습니까.

자기가 알고 있는 지식과 이론에다 하나님 말씀을 맞추려 하면 온전한 믿음을 갖기가 어렵습니다. 그러니 무엇보다도 창조주 하나님 말씀에 비추어 진리와 비진리를 바로 분별하는 것이 중요하지요.

하나님을 기쁘시게 하는 온전한 믿음을 소유하려면 명백한 비진리에 속하는 육신의 생각은 물론, 세상의 잘못된 지식으로 정립된 모든 이론까지 깨뜨려 버려야 합니다.

3. 육신의 생각과 모든 이론을 깨뜨리려면

예수님께서는 "누구든지 네 오른편 뺨을 치거든 왼편도 돌려대며 또 너를 송사하여 속옷을 가지고자 하는 자에게 겉옷까지도 가지게 하며"라고 말씀하셨습니다(마 5:39~40). 이런 하나님 말씀은 육신의 생각이나 모든 이론을 깨뜨리지 않으면 순종할 수 없습니다.

그래서 로마서 8장 7절에 "육신의 생각은 하나님과 원수가 되나니 이는 하나님의 법에 굴복지 아니할 뿐 아니라 할 수도 없음이라" 말씀합니다. 고린도후서 10장 5절에는 "모든 이론을 파하며 하나님 아는 것을 대적하여 높아진 것을 다 파하고 모든 생각을 사로잡아 그리스도에게 복종케 하니"라고 권면하셨습니다.

여러분은
모든 생각을 사로잡아
그리스도께
복종할 수 있나요?

우리가 육신의 생각을 깨뜨리고 모든 이론을 파하여 하나님 말씀에 순종하려면 어떻게 해야 할까요? 가령 '싫다, 밉다, 서럽다, 힘들다.'는 육신의 생각이 떠올랐습니다. 이때 '아니야, 내 생각이 틀릴 수 있어!' 하고 우선 멈춰야 합니다.

육신의 생각은 하면 할수록 자신만 더 힘들어지기 때문이지요.

그다음에는 하나님과 원수 된 육신의 생각의 뿌리를 파악해야 합니다. '싫다, 밉다.'는 생각이 떠올랐다면 내 안에 '미움'이 있다는 증거입니다. 무시하는 말 때문에 상처를 받았다면 '자존심'이나 '교만'이 있다는 것입니다. 이렇게 자신의 행동이나 마음을 자세히 해부하여 그 뿌리에 해당하는 악을 발견해야 버릴 수 있습니다.

그러므로 육신의 생각을 비롯해 모든 이론을 버리려면 하나님의 말씀을 부지런히 마음에 양식 삼고 행해야 합니다. 마음 안에 있는 '미움, 혈기, 시기, 판단, 교만' 등 비진리인 어둠을 빼내고 '사랑, 이해, 용서, 섬김, 화평' 등 진리인 빛으로 채워 나가야 하지요.

미움을 버리고 사랑하기 위해서는 어떠한 노력이 필요할까요?

가령, 형제를 미워하던 사람이 '원수도 사랑하라'는 말씀을 들었습니다. 이 말씀을 안다고 해서 '미움'이 버려지고 사랑할 수 있는 것이 아닙니다. 또한 원수를 사랑하게 해 달라고 기도만 한다고 되는 것도 아닙니다.

미움이라는 비진리를 빼내기 위해서는 먼저 철저히 회개하고, 나를 용서하신 주님의 사랑을 생각하며, 상대를 사랑하기 위해 부단히 노력해야지요. 상대에게 먼저 웃어 주고 선물을 하는 등 적극적인 사랑의 행함이 필요합니다. 그러면서 기도하고 금식하여 하나님의 은혜와 능력을 받으면 미움의 속성이 뽑히고 대신 사랑이 채워집니다.

이런 방법으로 비진리를 하나하나 다 버리고 진리로 채워 나가면 더 이상 육신의 생각을 하지 않습니다. 우리가 육신의 생각을 버리고 자신이 옳다 하는 이론을 깨뜨리면 하나님 말씀에 기쁨으로 순종할 수 있습니다. 모든 이론을 깨뜨린다는 것은 세상에서 배운 지식이나 이론이 하나님 말씀에 위배되면 철저히 무로 돌린다는 의미입니다.

오직 하나님 말씀만이 진리이기에 그에 맞지 않는 육신의 생각과 이론을 깨뜨리기 위해 불같이 기도하면 보혜사 성령께서 도와주시니 능히 깨뜨리고 버릴 수 있습니다. 전지전능하신 창조주 하나님을 믿지 못하도록 방해하는 요소인 육신의 생각과 모든 이론을 온전히 깨뜨려 무엇이든지 구하는 바를 응답받으며 만사형통한 삶을 영위하시기 바랍니다.

Plus

'사단의 역사'와 '육신의 생각'

사단은 자신이 권세 잡고 있는 공중에 악한 마음과 어둠의 일을 행하게 하는 능력을 퍼트려 놓는다. 이때 마음에 비진리가 있는 사람은 육신의 생각을 통해 사단의 음성을 받아들인다. 따라서 육신의 생각이 많으면 그만큼 사단의 역사를 받기 쉽다.

사단이 육신의 생각을 부추겨서 마음의 비진리를 자극하고 육체의 소욕을 요동케 하면 결국 범죄할 수 있기 때문에 하나님의 자녀는 사단의 역사를 단호히 물리쳐야 한다.

Chapter 2

믿음의 씨앗을 심자

사람의 마음 밭을 개간하여 믿음의 씨앗을 심고
풍성한 열매를 거두는 방법을 깨닫게 한다.

읽을 말씀: 갈라디아서 6:7~9

스스로 속이지 말라 하나님은 만홀히 여김을 받지 아니하시나니
사람이 무엇으로 심든지 그대로 거두리라 …

외울 말씀: 갈라디아서 6:9

우리가 선을 행하되 낙심하지 말지니 피곤하지 아니하면
때가 이르매 거두리라

참고 말씀: 요한복음 14:21

나의 계명을 가지고 지키는 자라야 나를 사랑하는 자니
나를 사랑하는 자는 내 아버지께 사랑을 받을 것이요
나도 그를 사랑하여 그에게 나를 나타내리라

자기의 육체를 위하여 심는 자는 육체로부터 썩어진 것을 거두고 성령을 위하여 심는 자는 성령으로부터 영생을 거두리라 갈라디아서 6:8

우리 속담에 '콩 심은 데 콩 나고 팥 심은 데 팥 난다'는 말이 있습니다. 사람이 땅에 콩을 심으면 콩이 나고, 팥을 심으면 팥이 나기 마련이지요. 이처럼 하나님께서도 심은 대로 거두는 영계의 법칙에 따라 사랑하는 자녀들이 믿음의 씨앗을 심어 풍성한 열매를 거두기를 원하십니다. 과연 어떻게 심고 거두어야 할까요?

1. 심은 대로 거두는 영계의 법칙

두 사람이 똑같은 환경 속에서 열심히 농사를 지었습니다. 추수 때에 한 사람은 풍성한 소출을 거둔 반면, 한 사람은 소출이 아주 미미했지요. 알고 보니 소출이 적은 사람은 농사짓는 법칙대로 하지 않은 것이 문제였습니다. 영적으로도 마찬가지입니다. 성경에 기록된 하나님 말씀을 믿고 행해야 하나님의 응답과 축복을 받을 수 있습니다.

어떤 사람은 열심히 신앙생활 하는 것 같은데 정작 축복받지 못하고, 일이 꼬이며 어려움을 겪습니다. 수십 년 동안 신앙생활을 하면서도 눈에 띄는 축복이나 응답을 받지 못합니다. 나름대로 신앙생활 하며 심었는데도 받지 못했다면 이는 하나님 말씀대로 순종하지 않았기 때문입니다.

하나님께서는 우리가 행한 대로, 심은 대로 갚아 주시는 분입니다. 무엇이든지 하나님 앞에 심었으면 반드시 열매를 맺게 되어 있습니다. 육을 좇아 육으로 심은 것은 육의 열매를 맺고, 성령의 역사를 좇아 영으로 심은 것은 영의 열매로 거두게 됩니다. 이것이 영계의 법칙이지요.

주 안에서
축복의 비결은
무엇일까요?

그러므로 신앙생활의 핵심은 마음을 변화시켜 옥토로 만드는 것입니다. 즉 마음의 악을 버리고 빛으로, 선으로, 진리로 채워 하나님 형상을 닮아야 하지요. 이것이 곧 축복의 비결입니다.

아무리 "내가 주님을 믿습니다, 십자가의 공로를 의지합니다." 고백해도 마음 밭을 개간하지 않고 여전히 죄를 지으면 원수 마귀 사단의 송사를 받을 수밖에 없습니다. 이런 사람은 하나님과 죄의 담이 있기 때문에 기도해도 응답받을 수가 없습니다.

2. 믿음의 씨앗을 심어 풍성한 열매를 거두려면

1) 마음 밭을 개간해야 합니다

우리가 농사를 지을 때 좋은 씨앗을 많이 뿌려도 토질이 나쁘면 풍성한 열매를 거둘 수 없습니다. 가령, 단단한 길가에 씨를 뿌린다면 싹이 나기 어렵지요. 새가 날아와 씨를 먹기도 하고, 햇볕에 타 버리기도 합니다. 하지만 좋은 밭에 씨를 뿌리면 30배, 60배, 100배로 풍성하게 소출을 거둘 수 있습니다.

영적으로도 마찬가지입니다. 밭과 같은 우리 마음을 옥토로 개간해야 합니다. 미움, 시기, 질투, 교만, 간음 등 더러운 비진리를 버리고 사랑과 덕이 있는 온유한 마음으로 경작해야지요. 그럴 때라야 하나님께서 기뻐하시는 성령의 열매를 탐스럽게 맺을 수 있습니다.

만일 하나님의 자녀가 자신의 마음 밭을 개간하는 작업을 게을리하여 옥토와 같은 마음을 만들지 않는다면 어떻게 될까요? 심은 것에 비해 열매가 저조하기 마련입니다.

성경에 기록된 하나님 말씀은 크게 네 가지로 나눌 수 있습니다. 하나님께서 원하시고 기뻐하시는 것은 "하라, 지키라" 했고, 하나님께서 싫어하시는 것은 "하지 말라, 버리라" 하셨습니다.

자신의 마음 밭을 개간하려면 어떻게 해야 할까요?

"버리라, 하지 말라"는 말씀들은 마음 밭을 개간하는 작업과도 같습니다. 이처럼 마음 밭을 개간하여 좋은 땅으로 만드는 만큼 더 좋은 천국에 들어가게 됩니다.

2) 씨앗을 심듯이 하나님 말씀에 순종해야 합니다

우리는 마음 밭을 개간함과 동시에 씨 뿌리는 일을 병행해야 합니다. 옥토로 만든 다음에 씨를 뿌리는 것이 아니라 두 가지가 같이 진행되어야 하지요.

마음 밭에
씨를 심는다는 것은
영적으로
어떤 의미인가요?

여기서 씨를 심는다는 것은 무슨 뜻일까요? 성경에 "하라, 지키라" 하신 대로 순종하는 것을 말합니다. '전도하라, 심방하라, 사랑하라, 섬기라, 상대의 유익을 구하라, 십일조 하라, 충성하라, 안식일을 지키라' 이런 것에 순종하는 행함이 다 심는 작업입니다. 하나님의 자녀로서 이 땅에서 열심히 믿음의 씨앗을 심어야 풍성한 열매를 맺고 하늘의 큰 상급을 받을 수 있습니다.

농부는 풍성한 열매를 거두기 위해 철에 따라 다양한 씨를 뿌립니다. 우리도 천국에 갈 때까지 마음 밭을 개간하는 동시에 계속 씨를 심어야 합니다. 이렇게 "하라, 지키라" 하신 하나님 말씀에 열심히 순종할 때 하나님께서 기뻐하시고 축복해 주십니다.

3) 인내로 가꾸는 작업이 필요합니다

만일 심기만 하고 가꾸지 않으면 추수 때가 되어도 거둘 것이 별로 없습니다. 부지런히 벌레도 잡아 주고, 비료도 주고, 물도 대 주고 인내하며 가꾸어야 풍성한 열매를 거둘 수 있지요.

그러면 인내로 가꾸는 작업이란 영적으로 무엇을 의미할까요?

첫째로, 신령과 진정으로 예배하는 것입니다.

신령과 진정으로 예배를 드릴 때 성령의 감동함 가운데 하나님의 말씀을 듣고 하나님의 마음과 뜻을 배울 수 있습니다. 그래야 심고 거두는 법을 잘 깨우쳐서 영적인 일류 농부가 될 수 있지요. 또한 성도들과 교제하며 은혜를 나누면서 믿음이 성장해 나갑니다.

둘째로, 성령 충만하게 찬송하고 기도하는 것입니다.

찬송과 기도를 통해 성령의 감동함과 충만함을 입고 영적인 힘을 얻을 수 있기 때문입니다. 농부가 힘이 없고 연약하면 어떻게 농사일을 감당할 수 있겠습니까? 영적으로도 힘이 있어야 열심히 마음 밭을 개간할 수 있고 계속 심고 가꿀 수 있습니다.

찬송과 기도로
성령의 감동함과 충만함을
입어야 하는 이유는
무엇인가요?

만일 성령 충만함을 입지 못하면 매사에 피곤하고 힘들게 느껴집니다. 아무리 말씀을 많이 알아도 기도하지 않으면 마음을 지킬 수도, 세상을 이길 수도 없습니다. 원수 마귀 사단의 미혹을 받고, 시험 환난에 빠지게 됩니다.

반면 종일 일해서 몸이 곤한 사람이라도 찬송과 기도 속에 성령 충만함을 입으면 위로부터 새 힘이 주어집니다. 이 힘으로 원수 마귀 사단과 싸워 이길 수 있고, 마음 밭을 옥토로 열심히 개간하고 씨를 심으며 가꿀 수 있습니다.

셋째로, 항상 기뻐하고 범사에 감사해야 합니다.

우리가 열심히 마음 밭을 개간하는 것은 가장 아름다운 천국, 새 예루살렘 성에 들어갈 것을 믿음으로 바라보기 때문입니다. 또한 씨를 심는 것마다 천국에서는 영광과 상급이요, 이 땅에서는 축복의 열매로 거둘 줄을 믿기 때문에 기쁨과 감사로 수고하는 것입니다.

이 땅에서도 추수할 소망이 가득한 농부는 기쁘고 행복하게 일을 합니다. 흥얼흥얼 콧노래를 부르며 부지런히 벌레를 잡고 잡초를 뽑아 주지요. 마음이 즐거우니 고된 일도 힘들게 느껴지지 않습니다.

항상 기뻐하고
범사에 감사해야 하는
이유는
무엇일까요?

마찬가지로 우리가 항상 기뻐하고 범사에 감사하면 원수 마귀 사단이 틈타지 못하고 물러갑니다. 그러니 낙심하거나 세상을 바라보는 일이 없이 천국까지 힘차게 달려갈 수 있습니다.

4) 꽃이 피고 열매를 거두는 과정이 있어야 합니다

아름다운 꽃이 피면 그 향기로 인해 사람들의 마음까지도 행복해집니다. 우리 마음도 예수 그리스도로 꽃이 피면 주변 사람들에게까지 그리스도의 향기를 발하게 되지요. 하나님을 믿지 않는 사람들에게 "교회 다니는 사람이 다 당신 같으면 나도 예수 믿겠다."는 말을 듣습니다. 그러니 더 쉽게 전도가 되고, 가정복음화도 이루어지지요.

하나님의 말씀에 순종하여 심은 것이 꽃이 피면 마침내 열매가 맺히기 시작합니다. 사랑장의 열매와 성령의 아홉 가지 열매, 팔복의 열매, 빛의 열매들이 갈수록 풍성하게 여물어 갑니다. 이처럼 마음에 영적인 열매들이 맺히는 것은 하나님을 사랑한다는 증거입니다.

예수님께서 "나의 계명을 가지고 지키는 자라야 나를 사랑하는 자니 나를 사랑하는 자는 내 아버지께 사랑을 받을 것이요 나도 그를 사랑하여 그에게 나를 나타내리라" 하신 대로이지요(요 14:21).

우리가 마음 밭을 개간하고 하나님의 말씀대로 심고 가꾸는 것은 영육 간에 모든 축복을 거두는 기본 원리입니다. "버리라, 하지 말라" 하신 대로 순종하여 마음 밭을 개간함과 동시에 "지키라, 하라" 하신 말씀의 씨앗을 열심히 심고 가꾸어 영육 간에 풍성한 열매를 맺으시기 바랍니다.

Plus

'빛의 열매'란?

"빛의 열매는 모든 착함과 의로움과 진실함에 있느니라"(엡 5:9)

'착함'이란 악이 없는 선하고 아름다운 마음으로 상대의 유익을 구하며 선을 행하는 것이다.

'의로움'이란 하나님 말씀을 믿고 순종하여 행하는 것이다. 마음에 믿어야 순종의 행함이 따르기 때문에 '마음으로 믿어 의에 이른다'고 말씀했다(롬 10:10).

'진실함'이란 거짓되지 않고 약속을 지키며, 어떤 상황에도 변하지 않는 한결같은 마음을 말한다.

Chapter 3

참마음과 온전한 믿음

하나님의 사랑과 축복을 받을 수 있도록
참마음과 온전한 믿음을 이루는 방법을 알려 준다.

읽을 말씀: 히브리서 10:22

우리가 마음에 뿌림을 받아 양심의 악을 깨닫고 몸을 맑은 물로 씻었으니 참마음과 온전한 믿음으로 하나님께 나아가자

외울 말씀: 히브리서 10:22

우리가 마음에 뿌림을 받아 양심의 악을 깨닫고 몸을 맑은 물로 씻었으니 참마음과 온전한 믿음으로 하나님께 나아가자

참고 말씀: 마태복음 5:28

나는 너희에게 이르노니 여자를 보고 음욕을 품는 자마다 마음에 이미 간음하였느니라

무릇 지킬 만한 것보다 더욱 네 마음을 지키라 생명의 근원이 이에서 남이니라 잠언 4:23

오늘날처럼 죄악이 관영한 세상에서 사람들은 자신이 얼마나 악한지도 모르고 살아갑니다. '나는 죄짓지 않고 산다', '나름대로 선하게 산다' 하는 사람도 많지만 성령의 역사 속에 하나님 말씀으로 자신을 조명하면 양심의 악을 발견할 수 있습니다.

히브리서 10장 22절에 "우리가 마음에 뿌림을 받아 양심의 악을 깨닫고 몸을 맑은 물로 씻었으니 참마음과 온전한 믿음으로 하나님께 나아가자" 말씀합니다. 하나님께서 기뻐하시는 참마음과 온전한 믿음을 소유하기 위해서는 양심의 악을 깨닫는 것이 매우 중요합니다. 자신의 악을 발견해서 버리는 만큼 참마음과 온전한 믿음을 이룰 수 있기 때문입니다.

1. 참마음을 이루려면

1) 양심의 악을 깨달아야 합니다

우리가 양심의 악을 깨달으려면 욕심과 사심, 간음과 정욕, 변개하는 마음 등 몇 가지 분야만 살펴보아도 알 수 있습니다. 죄의 큰 뿌리를 뽑아내면 그 잔뿌리까지 뽑히게 되지요. 즉 욕심과 사심, 간음과 정욕, 변개함을 버리면 이와 연결된 많은 죄성이 뽑혀 나오는 것입니다.

먼저, 욕심과 사심에 관한 분야를 살펴볼까요?

여기에는 물질, 명예, 권세에 대한 욕심도 포함됩니다. 자존심, 자신이 높임 받고 인정받으려는 마음, 자기를 고집하고 내 것과 내 가족을 더 중요시하는 사사로운 마음도 마찬가지입니다.

욕심과 사심으로 인해 파생되는 악이 얼마나 많은지요? 욕심을 채우려다 남을 속이게 되고, 원하는 대로 욕심을 채우지 못하면 시기, 질투, 미움, 살인, 분냄, 다툼이 나오지요.

그래서 야고보서 1장 14~15절에 "오직 각 사람이 시험을 받는 것은 자기 욕심에 끌려 미혹됨이니 욕심이 잉태한즉 죄를 낳고 죄가 장성한즉 사망을 낳느니라" 했습니다.

욕심과 사심을
버려야 하는 이유는
무엇인가요?
(약 1:15)

여러분은 욕심과 사심을 얼마나 버렸습니까? '정당한 대가를 지불하지 않고 노력 없이 취하려는 마음, 남의 것이 내 것이 되면 좋겠다는 마음'은 없었는지, '하나님 나라보다 내 유익을 앞세우지는 않았는지' 점검해 보시기 바랍니다.

다음으로, 간음과 정욕에 대한 분야입니다.

간음은 하나님께서 너무나 싫어하시는 죄입니다. 요즘은 광고나 화보를 통해서 민망할 정도로 몸을 드러낸 모습을 쉽게 볼 수 있습니다. TV나 인터넷도 선정적인 것들을 부추기므로 특히 미성년자나 학생들이 좋지 않은 영향을 많이 받게 됩니다.

왜
마음에 있는
간음의 속성까지도
버려야 할까요?

이처럼 사람의 정욕을 자극하면서 죄를 범하도록 이끄는 세상에서 하나님의 자녀들은 어떻게 살아야 할까요? 마태복음 5장 28절에 "여자를 보고 음욕을 품는 자마다 마음에 이미 간음하였느니라" 말씀했습니다. 그러므로 정욕의 근본 뿌리까지 벗어 버려야 합니다. 간음의 속성이 있으면 언젠가는 죄를 지을 수 있기 때문입니다.

하나님께서는 사람의 마음 중심을 감찰하는 분이시니 순간 스치는 생각이나 눈빛 하나에 담긴 마음도 아십니다. 그러니 "내 마음과 행실에 부끄러울 만한 것이 전혀 없다."고 담대히 말할 수 있어야 합니다. 믿음의 3단계만 되어도 행위적인 간음은 하지 않습니다. 그러나 마음의 죄성까지도 온전히 뽑아내 버려야 하나님께서 깨끗하다 인정하실 수 있습니다.

디모데전서 5장 2절에는 "늙은 여자를 어미에게 하듯 하며 젊은 여자를 일절 깨끗함으로 자매에게 하듯 하라" 했습니다. 이처럼 이성을 대할 때 어떤 정욕도 없이 깨끗한 마음으로 대할 수 있어야 합니다.

마지막으로, 변개하는 마음입니다.

사울 왕은 다윗을 투기하여 죽이려고 집요하게 추적했습니다. 아무 죄 없이 쫓겨 다니던 다윗은 사울을 죽일 수 있는 상황에서도 "사울을 해칠 마음이 없다."며 감동적인 고백을 합니다. 사울은 그 말을 듣고 감동의 눈물을 흘리며 "여호와께서 네게 선으로 갚으시기를 원하노라" 합니다(삼상 24:19).

그러나 얼마 지나지 않아 그 마음이 변개하여 미움과 시기가 불일 듯 일어나 또다시 다윗을 죽이려 합니다. 선한 것에 감동을 받았지만 마음을 지키지는 못하는 것을 볼 수 있습니다.

육의 사람의 가장 큰 특징은 무엇일까요?

이처럼 육의 사람은 변개하는 마음이 많은 것이 특징입니다. "이제 육이 무익한 것을 깨달았습니다. 영으로 들어가기로 결단했습니다." 하지만 얼마 후 결단했던 것이 흐려지는 경우가 많습니다. 심지어 하나님 앞에 "작정해서 기도한다, 금식한다." 해 놓고도 마음이 변해 그만둡니다. 뜨거운 마음에 서원을 하고서도 시간이 지나면 '내가 왜 그런 서원을 했나.' 고민하기도 하지요.

이런 변개함은 다 악에서 나옵니다. 자기 안에 있는 악이 요동하므로 선을 이루기 원하는 마음을 지키지 못하는 것입니다. 변개하면 성결을 이루는 데도 많은 지장을 받습니다. 들은 말씀을 명심하지 못하며 육을 좇으려는 마음을 절제하지 못하므로 영으로 속히 들어가지 못합니다.

잠언 4장 23절에 "무릇 지킬 만한 것보다 더욱 네 마음을 지키라 생명의 근원이 이에서 남이니라" 했습니다. 아무리 작은 것이라도 마음에 정하고 입으로 낸 것은 그대로 지키는 습관을 들이시기 바랍니다.

2) 몸을 맑은 물로 씻어야 합니다

히브리서 10장 22절에 몸을 맑은 물로 씻는 것은 곧 하나님의 말씀대로 행하여 자신의 악을 벗어 버리는 과정을 의미합니다.

영적으로 물은 하나님의 말씀을 뜻합니다. 따라서 하나님 말씀에 "버리라" 하면 버리고, "하지 말라" 하면 하지 않고, "지키라" 하면 지키고, "하라" 하면 하는 것이 곧 맑은 물로 씻는 것입니다.

하나님의 자녀로서 믿음의 분량이 성장하는 과정은 무엇일까요? 온전한 믿음에 이르기까지 계속해서 양심의 악을 깨닫고 하나님 말씀대로 행함으로 자신을 씻어 가는 것입니다.

사도 바울이 "내가 그리스도 예수 우리 주 안에서 가진바 너희에게 대한 나의 자랑을 두고 단언하노니 나는 날마다 죽노라"(고전 15:31) 고백한 것처럼 날마다 하나님 말씀으로 자신의 악을 씻어 나가야 합니다.

데살로니가전서 5장 22절을
다 함께 찾아
읽어볼까요?

우리는 주님을 영접하기 전에 부모를 통해 유전된 원죄와 자라면서 듣고 보고 배우고, 입력된 죄악들로 '나'를 만들어 왔습니다. 이런 '자기'는 쓸데없는 것입니다. 비진리로 만들어진 자기를 버리고 성령으로 영을 낳으며 내 안에 그리스도만 계시도록 진리로만 채워야지요.

그런데 하나님을 믿는다 해서 모두가 몸을 맑은 물로 씻는 것은 아닙니다. 하나님 말씀을 가르치면서도 "사람이 성결되는 것은 불가능한 일이다."라고 말하는 사람도 있지요. "믿음으로 의롭다 칭함을 받는 것이고 죄를 짓지 않기 위해서 노력할 뿐이지 죄의 속성 자체를 벗을 수는 없다."고 말하기도 합니다. 그러나 하나님께서는 우리에게 거룩하고 온전하라 하셨습니다(벧전 1:16 ; 마 5:48).

사람이
죄의 속성을 버리고
성결에 이를 수 있을까요?

잃어버린 하나님의 형상을 찾기 위해서는 죄의 속성을 당연히 버려야 합니다. 육이 얼마나 헛된지를 마음 중심에서 깨우쳐야 배설물처럼 버릴 수가 있습니다. 천국의 소망 가운데 부지런히 양심의 악을 깨닫고 마음을 맑은 물로 씻고 또 씻어서 깨끗하고 아름다운 참마음을 신속히 이루시기 바랍니다.

2. 온전한 믿음을 소유하려면

'온전한 믿음'이란 하나님의 마음과 뜻을 헤아려 순종함으로 하나님을 기쁘시게 하는 믿음입니다. 우리가 양심의 악을 깨닫고 몸을 맑은 물로 씻는 만큼 참마음과 온전한 믿음을 소유할 수 있습니다.

물론 이것이 하루아침에 되는 일은 아닙니다. 간절히 사모함으로 하나님 말씀을 듣고 양심의 악을 하나하나 발견해야 합니다. 또 발견하고 깨우쳤으면 불같이 기도하며, 명심하여 근신함으로 자기를 변화시켜 나가야 합니다.

열심히 힘쓰고 애써 어느 정도 악을 버린 것 같은데, 또다시 악의 모습이 나올 수도 있습니다. 그럴지라도 낙심해서는 안 됩니다. 양파를 벗기고 벗겨도 여전히 남아 있는 것 같지만 결국엔 다 벗겨지듯이, 포기하지 않고 계속 악을 버려 나가면 성결에 이를 수 있습니다.

자신의 악을 발견할 때마다 오히려 기뻐하고 감사하며 성결을 향해 한 걸음 더 가까이 가는 과정이라고 긍정적으로 생각해야 합니다. 악의 뿌리를 온전히 뽑을 때까지 영으로 들어가는 발걸음을 결코 늦춰서는 안 됩니다. 양심의 악을 깨닫고 하나님 말씀으로 날마다 자신을 깨끗하게 함으로 참마음과 온전한 믿음을 이루시기 바랍니다.

Plus

'양심'이란?

사람이 스스로 만들어 놓은 '선과 악을 구분하는 판단 기준'이다. 이는 타고난 근본 마음과 각자의 성장 환경이나 배움 속에서 나름대로 '이것이 옳다'라고 기준을 만들어 놓은 것이기에 사람마다 다르며 대부분 진리와 비진리가 혼합되어 있다.

주님의 마음을 닮고자

성경을 읽어 가면서 하나님 말씀에 "하라" 하는 것은 했고,
"지키라" 하는 것은 지켰습니다.

"하지 말라" 하는 것은 하지 않았으며,
"버리라" 하는 것은 버리기 위해 열심히 기도했습니다.
그런데도 쉽게 버려지지 않으면 금식을 해서라도 버려 나갔지요.

하나님 은혜에 보답하고자 애쓰는
제 모습을 보신 하나님께서 귀한 믿음을 주셨습니다.

하나님께 대한 믿음이 날로 더욱 견고해졌습니다.
어떤 시험이 오거나 어려운 일을 만나도
결코 의심해 본 적이 없습니다.

이렇게 말씀대로 순종하여 행한 결과
어느새 제 마음은 거짓이 없는 참마음이 되어 갔습니다.

선하고 깨끗한 마음으로 변화되어
주님의 마음을 닮아 간 것입니다.

| 이재록 목사 저서 『근본의 소리를 발하라』 중에서 |

Part 2

할 수 있거든이 무슨 말이냐

Six-day Manna

"예수께서 이르시되

할 수 있거든이 무슨 말이냐

믿는 자에게는 능치 못할 일이 없느니라 하시니"

마가복음 9:23

Chapter 4

구하라, 찾으라, 두드리라

하나님의 응답과 축복을 받기 위해서
무엇을 구하고, 찾고, 두드려야 하는지 알아본다.

읽을 말씀: 마태복음 7:7~11

구하라 그러면 너희에게 주실 것이요 찾으라 그러면 찾을 것이요 문을 두드리라 그러면 너희에게 열릴 것이니 …

외울 말씀: 마태복음 7:11

너희가 악한 자라도 좋은 것으로 자식에게 줄 줄 알거든 하물며 하늘에 계신 너희 아버지께서 구하는 자에게 좋은 것으로 주시지 않겠느냐

참고 말씀: 요한삼서 1:4

내가 내 자녀들이 진리 안에서 행한다 함을 듣는 것보다 더 즐거움이 없도다

구하는 이마다 얻을 것이요 찾는 이가 찾을 것이요 두드리는 이에게 열릴 것이니라 마태복음 7:8

부모 입장에서는 사랑스런 자녀가 무엇을 구할 때에 당연히 그것을 들어주고자 합니다. 하물며 전지전능하시고 사랑 자체이신 하나님 아버지의 마음은 어떠하시겠습니까? 구하는 것마다 응답해 주시되 가장 좋은 것을 주기 원하십니다.

그래서 마태복음 7장 9~11절에 "너희 중에 누가 아들이 떡을 달라 하면 돌을 주며 생선을 달라 하면 뱀을 줄 사람이 있겠느냐 너희가 악한 자라도 좋은 것으로 자식에게 줄 줄 알거든 하물며 하늘에 계신 너희 아버지께서 구하는 자에게 좋은 것으로 주시지 않겠느냐" 말씀하셨습니다.

1. 구하라 그러면 너희에게 주실 것이요

마태복음 7장 7절을 보면 하나님의 아들로서 육신을 입고 이 땅에 오신 예수님께서 "구하라 그러면 너희에게 주실 것이요"라고 말씀하셨습니니다. 이 말씀 안에는 우리가 하나님의 자녀 된 축복을 받기 원하는 주님의 사랑의 마음이 듬뿍 담겨 있습니다. 그러면 하나님의 자녀들은 예수 그리스도의 이름으로 무엇을 구해야 할까요?

첫째로, 하나님의 능력과 얼굴을 구해야 합니다.

시편 105편 4절에 "여호와와 그 능력을 구할지어다 그 얼굴을 항상 구할지어다" 말씀하고 있습니다. 먼저, 하나님의 능력을 구한다는 것은 창조주 하나님을 믿는 믿음을 구한다는 의미입니다.

신앙생활을 하는 데에는 반드시 믿음 곧 하나님의 능력이 필요합니다. 자신의 의지와 노력으로는 30분 기도하는 것도 어렵지만 하나님께서 능력을 주시면 1시간, 2시간도 충만히 할 수 있습니다. 세상 사람들이 술, 담배를 끊으려면 참으로 힘들지만, 하나님이 능력을 주시면 단번에 끊을 수도 있습니다. 우리가 죄를 버리고 하나님 말씀대로 살며 세상을 이기는 것도 하나님의 능력이 있어야 합니다.

여러분은
하나님의 얼굴을
항상 구하고 계신가요?

다음으로, 하나님의 얼굴을 구한다는 것은 문자 그대로 하나님의 얼굴을 보기 원한다는 뜻이 아니라 하나님이 누구신지 알려고 노력한다는 뜻입니다.

예수 그리스도를 영접한 후 성경을 읽고 예배에 참석하며 '하나님이 왜 우리의 아버지가 되시는지', '왜 말씀이 하나님이신지' 성경 66권 말씀을 통해 하나님을 알아가는 것이 곧 하나님의 얼굴을 구하는 것입니다.

둘째로, 하나님 나라와 의를 구해야 합니다.

예수님께서는 "너희는 먼저 그의 나라와 그의 의를 구하라 그리하면 이 모든 것을 너희에게 더하시리라"고 약속하셨습니다(마 6:33).

그러면 하나님의 나라를 구한다는 뜻은 무엇일까요? 모든 사람이 하나님의 자녀가 되도록 영혼 구원 곧 세계 복음화를 위해 기도하라는 뜻입니다.

먼저 하나님의 나라와 하나님의 의를 구하라는 의미는 무엇일까요?

또한 하나님의 의를 구하라는 것은 하나님의 거룩하심을 닮아 성결하기를 기도하라는 의미이지요. 우리가 죄를 버리고 진리대로 행하며 성결을 이루는 것이 곧 하나님의 의를 이루는 것입니다. 하나님의 의를 구하여 영혼이 잘된 사람은 범사가 잘되고 강건한 축복이 임하는 것을 볼 수 있습니다(요삼 1:2).

셋째로, 일꾼이 되기 위해, 사명 감당을 위해 구해야 합니다.

하나님 나라와 의를 구한 뒤에는 일꾼이 되기 위해 기도해야 합니다. 일꾼 된 사람은 사명을 잘 감당하기 위해 간구해야 하지요. 하나님께서는 자기를 찾는 자들에게 상 주시며 일한 대로 갚아 주십니다.

요한계시록 2장 10절에 "네가 죽도록 충성하라 그리하면 내가 생명의 면류관을 네게 주리라" 했습니다. 세상에서도 열심히 공부하면 좋은 대학에 들어갈 수 있고 직장에서 열심히 일하면 승진하여 더 좋은 대우를 받습니다. 마찬가지로 주 안에서도 주어진 사명을 잘 감당하면 하나님의 사랑과 인정을 받아 더 큰 사명이 주어지고 많은 상급을 받게 됩니다.

천국에서 받는 상급은 이 땅에서 받는 것과 비교할 수 없이 영화로우므로 하나님의 귀한 일꾼이 되기 위해 간절히 구하시기 바랍니다.

넷째로, 일용할 양식을 구해야 합니다.

이 세상을 살아가면서 필요한 의식주에 관한 것 등 육적인 것을 구해야 한다는 의미입니다. 의식주, 일터, 사업터, 건강 등 육적인 분야도 하나님께 응답받아야 하나님 나라를 이루는 데 넉넉히 쓸 수 있습니다.

하나님께
양식, 건강, 일터 등을 위해
기도하는 이유는
무엇인가요?

'하나님께서 내 사정 잘 아시니까 주시겠지.' 하고 가만히 있는 것이 아니라, 주님께서 가르쳐 주신 대로 "우리에게 일용할 양식을 주옵시고"라고 기도해야 합니다. 그런데 아무리 구해도 주시지 않는 경우가 있습니다.

야고보서 4장 3절에 "구하여도 받지 못함은 정욕으로 쓰려고 잘못 구함이니라" 말씀한 대로 정욕으로 쓰려고 구하는 경우입니다. 자칫 욕심이 잉태하고 죄를 지어 사망의 길로 가게 될 수도 있는데 사랑의 하나님께서 어찌 응답해 주실 수 있겠습니까.

2. 찾으라 그러면 찾을 것이요

과연 우리가 무엇을 잃어버렸기에 예수님께서 찾으라고 당부하신 것일까요? 잃어버린 하나님의 형상입니다.

첫 사람 아담은 하나님의 형상을 좇아 지음 받은 생령(살아 있는 영)이었습니다. 악이 전혀 없기 때문에 하나님과 교통하며 에덴동산에서 풍족하게 살았습니다. 그런데 하나님께서 먹으면 "정녕 죽으리라" 하신 선악과를 먹는 불순종의 죄를 지음으로 결국 죽게 되었지요. 여기서 죽음이란 단순히 호흡이 끊어지는 육체의 죽음을 말하는 것이 아니라 영의 죽음을 뜻합니다.

사람은
누구의 형상을 따라
지음 받았을까요?
(창 1:27)

원래 사람은 하나님과 교통할 수 있는 영과 영의 지배를 받는 혼, 그리고 영과 혼의 장막인 육으로 창조되었습니다(살전 5:23).

그런데 하나님의 명령을 어기니 사람의 주인인 영이 죽고 말았지요. 아담의 영이 죽지 않았을 때는 생령으로서 하나님과 교통을 하였는데, 죄 때문에 영이 죽자 더 이상 교통할 수 없게 되었습니다.

이렇게 범죄한 아담과 그의 혈통을 이어받은 모든 사람은 영이 죽어 하나님의 형상을 잃어버리고 말았습니다. 그리고 원수 마귀 사단이 주관하는 대로 정욕적이고 헛된 것들을 추구하며 짐승과 다름없이 살아가게 되었지요(전 3:18).

이처럼 사람의 본분을 잃어버리고 죄악 가운데 살던 우리가 진정 사람답게 살려면 죽은 영이 살아나야 합니다. 그래야 잃어버린 하나님의 형상을 회복할 수 있습니다. 죽은 영이 살아나려면 예수 그리스도를 영접하여 성령을 선물로 받아야 합니다.

성령은 우리 마음 안에 오셔서 죽은 영을 살리고 하나님께서 싫어하시는 어둠의 일들을 버릴 수 있도록 도와주십니다. 이로써 성령으로 영을 낳으며 진리대로 행해 나가는 것이 곧 영의 사람으로 변화되는 과정이요, 잃어버린 하나님의 형상을 찾아가는 것입니다.

3. 문을 두드리라 그러면 너희에게 열릴 것이니

요한계시록 3장 20절에 "내가 문밖에 서서 두드리노니 누구든지 내 음성을 듣고 문을 열면 내가 그에게로 들어가 그로 더불어 먹고 그는 나로 더불어 먹으리라" 말씀했습니다.

주님께서 먼저 우리의 마음을 두드려 주셨습니다. 전도자나 여러 방법을 통해 또는 천하 만물에 담긴 하나님의 신성과 능력을 느끼게 해 주심으로 구세주가 되신 예수님을 영접하게 해 주셨지요.

주님을 영접한 하나님의 자녀가 두드려야 하는 문은 무엇일까요?

이제는 우리가 하나님의 마음 문을 두드릴 차례입니다. 예수님께서 "문을 두드리라" 하셨는데 이는 '하늘 문' 곧 하나님의 마음을 두드리라는 뜻입니다.

그러면 하나님의 마음 문을 어떻게 두드려야 할까요? 하나님의 마음 문을 두드린다는 것은 곧 하나님 말씀대로 행하는 것을 말합니다.

요한삼서 1장 4절에 "내가 내 자녀들이 진리 안에서 행한다 함을 듣는 것보다 더 즐거움이 없도다" 했습니다. 자녀가 부모를 즐겁게 해 드리면 부모는 무엇이든 주고 싶어 합니다. 이처럼 우리가 진리 곧 하나님 말씀대로 행할 때 하나님께서 매우 기뻐하시며 응답과 축복을 주십니다.

또한 하나님의 마음 문을 열 수 있는 것은 중심에서 통회하는 것입니다. 우리가 지난날의 잘못을 철저히 회개하고 변화될 때 하나님께서 기뻐하시지요. 그래서 시편 34편 18절에 "여호와는 마음이 상한 자에게 가까이하시고 중심에 통회하는 자를 구원하시는도다" 했습니다.

이처럼 성경에 기록된 대로 구하고 찾고 두드리면 하나님을 기쁘시게 하는 복된 성도가 되어 무엇이든지 구하는 대로 응답받을 수 있습니다.

Plus

'하나님의 형상을 따라 창조된 사람'이란?

사람의 겉모습만 하나님의 형상을 따라 창조된 것이 아니라, 사람의 근본인 영이 하나님으로부터 주어졌으며, 거룩하신 하나님을 닮은 존재로 만들어졌다는 의미이다.

Chapter 5

어떻게 해야 응답을 받는가

하나님의 자녀가 기도해도 응답받지 못하는 이유와
신속히 응답받을 수 있는 비결을 알려 준다.

읽을 말씀: 요한일서 3:21~22
사랑하는 자들아 만일 우리 마음이 우리를 책망할 것이 없으면 하나님 앞에서 담대함을 얻고 …

외울 말씀: 요한일서 3:22
무엇이든지 구하는 바를 그에게 받나니 이는 우리가 그의 계명들을 지키고 그 앞에서 기뻐하시는 것을 행함이라

참고 말씀: 마가복음 11:24
그러므로 내가 너희에게 말하노니 무엇이든지 기도하고 구하는 것은 받은 줄로 믿으라 그리하면 너희에게 그대로 되리라

오직 믿음으로 구하고 조금도 의심하지 말라 의심하는 자는 마치 바람에 밀려 요동하는 바다 물결 같으니 야고보서 1:6

요한일서 5장 14~15절에 "그를 향하여 우리의 가진바 담대한 것이 이것이니 그의 뜻대로 무엇을 구하면 들으심이라 우리가 무엇이든지 구하는 바를 들으시는 줄을 안즉 우리가 그에게 구한 그것을 얻은 줄을 또한 아느니라" 했습니다. 이는 하나님의 뜻이 무엇인지 깨달아 그 뜻대로 구하는 자는 무엇이든지 응답받을 수 있다는 것입니다. 그렇다면 마태복음 15장에 나오는 가나안 여인은 어떻게 귀신 들린 딸의 문제를 응답받을 수 있었을까요?

1. 겸비함으로 끝까지 믿음을 내보인 가나안 여인

가나안 여인은 예수님께서 죽은 자를 살리시고, 악귀를 물리치며 수많은 사람을 치료하신다는 소문을 듣고 간절히 사모했습니다. 예수님이라면 귀신 들린 딸을 능히 고쳐 주실 것이라 믿었기 때문입니다.

때마침 예수님께서 어디 계신다는 소문을 들었습니다. 그 여인은 기회를 놓치지 않고 나아가 큰소리로 "주 다윗의 자손이여 나를 불쌍히 여기소서 내 딸이 흉악히 귀신 들렸나이다"라고 부르짖습니다. 그런데 예수님은 아무 대답도 하지 않으시다가 "나는 이스라엘 집의 잃어버린 양 외에는 다른 데로 보내심을 받지 아니하였노라" 답변하십니다.

이에 여인은 예수님께 절하며 다시 한 번 "주여 저를 도우소서" 간청합니다. 그런데도 예수님은 "자녀의 떡을 취하여 개들에게 던짐이 마땅치 아니하니라" 답변하시지요. 이는 응답받기 원하는 가나안 여인의 믿음을 테스트해 보시기 위함이었습니다.

가나안 여인이
이방인임에도 불구하고
응답받은 비결은
무엇일까요?

믿음이 없다면 대부분의 경우 '내가 개 취급을 당했다.'며 몹시 자존심이 상해 그 자리를 박차고 떠나거나, '나는 응답받을 수 없나 보다.' 하고 낙심해 버리기 쉽습니다.

하지만 그 여인은 "주여 옳소이다마는 개들도 제 주인의 상에서 떨어지는 부스러기를 먹나이다" 하며 철저히 자신을 낮추고 끝까지 믿음을 내보입니다. 그러자 예수님께서 "여자야 네 믿음이 크도다 네 소원대로 되리라" 하시니 여인의 딸이 즉시 치료되었습니다.

이처럼 가나안 여인이 응답받을 수 있었던 이유는 무엇일까요? 여인의 마음이 선하고 온유한 데다, 자신을 철저히 낮추며 하나님의 뜻 가운데 끝까지 예수님께 구하는 믿음을 내보였기 때문입니다.

2. 기도해도 응답받지 못하는 이유

하나님께서는 사랑하는 자녀들의 기도에 반드시 응답해 주십니다. 요한복음 14장 13절에 예수님께서도 "너희가 내 이름으로 무엇을 구하든지 내가 시행하리니" 약속하셨지요. 그런데 열심히 신앙생활을 한다 하고, 기도를 하는데도 응답받지 못하는 이유는 무엇일까요?

첫째로, 죄를 품고 기도하기 때문입니다.

시편 66편 18절에 "내가 내 마음에 죄악을 품으면 주께서 듣지 아니하시리라" 하셨습니다. 사람의 마음에 죄악을 품고 있으면 원수 마귀 사단이 방해하므로 하나님의 응답을 받을 수 없습니다. 하나님 앞에 자신의 죄를 철저히 회개하고 구할 때라야 기도의 응답이 임하는 것입니다.

둘째로, 형제와 불목한 상태에서 기도하기 때문입니다.

마태복음 18장 35절에 "너희가 각각 중심으로 형제를 용서하지 아니하면 내 천부께서도 너희에게 이와 같이 하시리라" 했습니다. 내가 형제를 용서하지 않으면 하나님께서도 내 죄를 용서하시지 않으니 응답을 받을 수 없습니다. 그러니 부부간에, 부모 자녀 간에, 형제간에, 이웃 간에, 동료 간에 불화했다면 먼저 화해를 해야 합니다.

주기도문에 나오는
마태복음 6장 12절을
다 함께
외워볼까요?

셋째로, 욕심으로 기도하기 때문입니다.

물질을 구할 경우, 하나님의 나라를 위해, 가난한 사람을 구제하고 영혼 구원하는 데 사용하려는 목적이라면 하나님의 영광을 위한 것이므로 그 믿음대로 응답을 받습니다. 그러나 오락을 위해서나 이웃과의 경쟁 심리 등 악의로 구한다면 그것은 욕심이요, 악한 기도이므로 응답받을 수 없습니다.

넷째로, 의심하면서 기도하기 때문입니다.

야고보서 1장 6~7절에 "오직 믿음으로 구하고 조금도 의심하지 말라 의심하는 자는 마치 바람에 밀려 요동하는 바다 물결 같으니 이런 사람은 무엇이든지 주께 얻기를 생각하지 말라" 말씀합니다. 마가복음 11장 24절에는 "무엇이든지 기도하고 구하는 것은 받은 줄로 믿으라 그리하면 너희에게 그대로 되리라" 하셨습니다.

마가복음 11장 24절에
응답받는 비결은
무엇이라고 했나요?

현실적으로 아무리 불가능해 보여도 믿음의 조상 아브라함처럼 조금도 의심하지 않으면 하나님께서 그 믿음을 기뻐하시고 응답해 주십니다.

다섯째로, 계명을 지키지 않고 기도하기 때문입니다.

요한복음 14장 21절에 "나의 계명을 가지고 지키는 자라야 나를 사랑하는 자니" 말씀했습니다. 계명을 지킬 때라야 하나님을 사랑한다 할 수 있으며, 하나님께 사랑을 받을 수 있습니다. 우리가 계명을 지키고 하나님의 기뻐하시는 것을 행하면 담대함을 얻고 무엇이든지 구하는 것을 받습니다(요일 3:21~22). 그러나 계명을 지키지 않으면 하나님을 사랑하지 않는 것이기에 기도의 응답이 오지 않습니다.

여섯째로, 믿음으로 심지 않고 기도하기 때문입니다.

갈라디아서 6장 7절에 "스스로 속이지 말라 하나님은 만홀히 여김을 받지 아니하시나니 사람이 무엇으로 심든지 그대로 거두리라" 했습니다.

하나님 앞에 기도를 심으면 영혼이 잘되는 축복이 임하고, 물질을 심으면 물질의 축복을 받게 됩니다. 또한 봉사를 심으면 강건한 축복이 임하는 등 심은 대로 거둘 수 있습니다. 그러므로 하나님께 응답받으려면 믿음으로 부지런히 심어야 합니다.

우리가 기도로,
물질로, 봉사로 심을 때
어떠한 축복을
받을까요?

3. 신속히 하나님께 응답받으려면

1) 믿음을 가지고 기도해야 합니다

우리가 마음의 문을 열고 하나님 말씀을 믿고 순종하여 그대로 지켜 행할 때, 하나님께서 위로부터 영적인 믿음을 주십니다. 이러한 영적인 믿음을 가지고 하나님의 뜻대로 기도할 때에 신속히 응답받을 수 있습니다.

2) 목적 있는 기도를 해야 합니다

어떤 일에 목적이 분명하면 추진력이 있고 빠르게 성취할 수 있습니다. 반면 목적 없이 일을 하면 많은 시간을 허비하게 되고 중간에 흐지부지되기 쉽습니다. 우리가 기도할 때도 명확한 목적이 있어야 합니다. 목적이 분명하면 중언부언 기도하지 않습니다. 목표한 바를 이루기 위해 더욱 간절히 구체적으로 기도하게 되지요. 이를 통해 응답을 체험하면서 더욱 하나님께 맡기는 삶이 되고 믿음도 성장합니다.

3) 사랑의 기도를 해야 합니다

예수님께서는 아무 죄 없는 자신을 십자가에 못 박은 자들을 위해서도 용서와 사랑의 기도를 올리셨습니다. 하나님을 알지 못하고 사망의 길로 가는 영혼들을 불쌍히 여기며 간절히 기도하셨지요. 이러한 주님의 사랑으로 우리에게는 구원의 길이 열리게 되었습니다.

교회와 목자를 위해
얼마나 간절한 마음으로
기도하고 계시나요?

우리는 값없이 구원의 은총을 입었기에 영혼들을 위해 사랑으로 기도해야 합니다. 또한 하나님의 나라와 의를 구하며, 섬기는 목자와 성도들을 위해 기도해야 하지요.

만일 우리가 그저 타성에 젖어 기도한다면 사랑의 기도라 할 수 없습니다. 하나님을 사랑함으로 의에 주리고 목마른 심령으로 교회와 목자와 영혼들을 위해 올리는 기도가 진실한 사랑의 기도라 할 수 있습니다.

예를 들어, 성전 건축을 위해 기도할 때 자신의 집을 짓는 것보다 더 간절한 마음으로 기도합니다. 성전 건축에 필요한 땅과 재정, 설계와 법적인 절차, 일꾼과 기술, 날씨 등 조목조목 구체적으로 기도하지요. 또 주변 사람들의 마음까지도 주관하여 방해받지 않고 모든 것이 형통하도록 기도하며, 성전이 완공될 때까지 마음에서 놓지 않습니다.

영혼들을 위한 기도도 마찬가지입니다. 그들의 문제를 내 것으로 여기며 그들의 마음이 되어 기도하게 됩니다. 섬기는 목자를 위해 기도할 때도 주님의 뜻을 온전히 이루기 원하는 간절한 마음과 영혼들이 진리 안에 살기를 바라는 목자의 애타는 마음으로 기도합니다.

나는 어떠한 기도를 하고 있는지, 믿음과 사랑으로 응답받는 기도를 하고 있는지, 아니면 형식적으로 기도하지는 않는지, 자신을 잘 점검하여 하나님의 응답과 축복을 받으시기 바랍니다.

Plus

'가나안 여인' (마 15장)

수로보니게 여인을 말한다. '수로보니게'(막 7:26)는 팔레스타인 북부 수리아 지역의 '베니게'의 옛 이름이다. 선한 마음을 소유한 수로보니게 여인은 겸비하고 아름다운 믿음의 고백을 하여 마음의 소원대로 귀신 들린 딸이 치료받았다.

Chapter 6

할 수 있거든이 무슨 말이냐

전지전능하신 하나님을 믿으면
능치 못할 일이 없음을 깨닫게 한다.

읽을 말씀: 마가복음 9:21~29

… 그 더러운 귀신을 꾸짖어 가라사대 벙어리 되고 귀먹은 귀신아 내가 네게 명하노니 그 아이에게서 나오고 다시 들어가지 말라 하시매 …

외울 말씀: 마가복음 9:23

예수께서 이르시되 할 수 있거든이 무슨 말이냐 믿는 자에게는 능치 못할 일이 없느니라 하시니

참고 말씀: 에스겔 36:37

나 주 여호와가 말하노라 그래도 이스라엘 족속이 이와 같이 자기들에게 이루어 주기를 내게 구하여야 할지라 …

이르시되 기도 외에 다른 것으로는 이런 유가 나갈 수 없느니라 하시니라 마가복음 9:29

질병이나 자녀, 가정, 직장, 학교, 물질 등의 문제로 어려움을 겪는다면 인생이 힘들고 고달프기 마련입니다. 더구나 사람의 능력으로는 도저히 해결할 수 없는 일을 만난다면 절망 속에 살아갈 수밖에 없습니다. 이러한 인생의 문제들을 해결할 수 있는 방법이 있을까요? 그 열쇠는 바로 전지전능하신 하나님을 믿는 믿음입니다. 능치 못할 일이 전혀 없는 하나님께 우리가 믿음을 내보이기만 한다면 하나님께서는 어떤 문제라 해도 해결해 주십니다.

1. 할 수 있거든이 무슨 말이냐

마가복음 9장에 보면 벙어리 귀신 들린 아들을 둔 아비가 나옵니다. 그는 예수님께 "귀신이 저를 죽이려고 불과 물에 자주 던졌나이다 그러나 무엇을 하실 수 있거든 우리를 불쌍히 여기사 도와주옵소서" 간구하지요.

여기서 "무엇을 하실 수 있거든 우리를 불쌍히 여기사 도와주옵소서"라고 한 것은 믿음의 고백이 아닙니다. 예수님께서 어떤 것은 하실 수 있고, 어떤 것은 못하시는 분이 아니기 때문입니다. 이는 그가 믿음 없이 요행을 바라고 나왔다는 것을 보여 주지요.

예수님께서
"할 수 있거든이 무슨 말이냐"
말씀하신 이유는
무엇일까요?

그러자 예수님은 "할 수 있거든이 무슨 말이냐 믿는 자에게는 능치 못할 일이 없느니라" 하시며 그의 믿음 없음을 깨우쳐 주십니다. 이에 아이의 아버지는 "내가 믿나이다 나의 믿음 없는 것을 도와주소서" 합니다.

그렇다면 그 아비는 왜 "내가 믿나이다" 고백하고는 또다시 "나의 믿음 없는 것을 도와주소서"라고 간구한 것일까요?

만일 마음에 믿어지는 믿음 곧 영적인 믿음을 소유했다면 굳이 믿음 없는 것을 도와 달라고 간청할 필요가 없습니다. 아비가 "내가 믿나이다"라고 고백한 것은 자신의 믿음이 지식적인 믿음 곧 육적인 믿음임을 인정하는 것입니다.

아이의 아버지는 예수님께서 귀신을 쫓아내고, 소경의 눈을 뜨게 하며, 귀머거리를 듣게 하고 벙어리를 말하게 하는 등 놀라운 역사를 베푸시는 분임을 소문을 통해 잘 알고 있었습니다. 그러나 단지 머리로 아는 것은 육적인 믿음입니다. 이러한 믿음으로는 하나님의 응답을 받을 수 없기에 "나의 믿음 없는 것을 도와주소서"라고 고백한 것입니다.

육적인 믿음으로는 응답받을 수 없지만 영적인 믿음이 있으면 무엇이든지 구하는 대로 응답받을 수 있습니다. 그래서 아들의 아비는 예수님께 마음에 믿어지는 영적인 믿음을 주시라고 간청한 것입니다.

이처럼 아이의 아비가 겸비한 자세로 영적인 믿음을 구하는 것을 보시고 예수님께서 "벙어리 되고 귀먹은 귀신아 내가 네게 명하노니 그 아이에게서 나오고 다시 들어가지 말라"(막 9:25)고 명하시니 그 즉시 귀신이 나갔습니다.

2. 하나님의 응답을 받기 위한 조건

첫째로, 긍정적인 고백이 있어야 합니다.

귀신 들린 아이의 아버지는 예수님께서 죽은 사람을 살리고 각색 병든 사람들을 치료하신다는 소문을 듣고 머리로는 믿었습니다. 하지만 마음에 믿어지는 믿음이 없었기에 "내가 믿나이다 나의 믿음 없는 것을 도와주소서"라고 진실하게 간구하였지요.

여러분은 얼마나 긍정적이고 진실한 믿음의 고백을 하시나요?

이처럼 우리도 응답을 받으려면 긍정적인 믿음의 고백을 해야 합니다. 마음에 온전히 믿어지지 않으면 솔직하게 영적인 믿음을 달라고 간구해야 하지요.

하나님께 구한 후 당장 눈앞에 드러난 것이 없다 해도 부정적인 말을 해서는 안 됩니다. 부정적인 말을 하면 하늘에서 응답이 오다가도 공중에서 흩어지고 맙니다. 원수 마귀 사단이 송사하기 때문에 응답을 받을 수 없지요. 따라서 부정적인 말이나 믿음 없는 말은 삼가야 합니다.

둘째로, 영적인 믿음을 소유해야 합니다.

귀신 들린 아이의 아버지는 영적인 믿음을 갈망하며 "나의 믿음 없는 것을 도와주소서"라고 부르짖었습니다. 그러면 우리는 어떻게 해야 영적인 믿음을 소유할 수 있을까요?

우선 하나님과 막힌 죄의 담이 있다면 신속히 허물어야 합니다. 그리고 성경에 기록된 하나님 말씀대로 열심히 행하면서 영적인 믿음을 주시라고 간구해야 합니다.

영적인 믿음과 육적인 믿음의 차이를 설명할 수 있나요?

지식적으로 아는 육적인 믿음은 스스로 가질 수 있지만 마음에 믿어지는 영적인 믿음은 오직 위로부터 하나님께서 주셔야만 받을 수 있기 때문입니다.

셋째로, 응답받을 때까지 부르짖음의 기도가 있어야 합니다.

아이의 아버지는 포기하지 않고 끝까지 예수님께 부르짖어 구하였기에 마침내 응답을 받았습니다. 하나님께서 어떤 일을 이루어 주겠다고 하셨어도 우리 편에서는 끝까지 구해야 합니다.

에스겔 36장 37절에 "그래도 이스라엘 족속이 이와 같이 자기들에게 이루어 주기를 내게 구하여야 할지라" 말씀했기 때문입니다. 어떤 사람은 기도해 놓고 아무 응답이 없다고 중도에 포기해 버립니다. 의심 없이 끝까지 부르짖어 기도할 때 하나님께서 응답의 열매를 맺도록 역사하십니다.

3. 믿는 자에게는 능치 못할 일이 없느니라

영적인 믿음은 보배 중의 보배요, 이 세상의 모든 문제를 해결할 수 있는 열쇠입니다. 사람의 힘과 능력으로는 전혀 불가능한 일도 전지전능하신 하나님께서는 능히 이루실 수 있습니다. 의학으로 치료할 수 없는 불치병이나 자녀, 학교, 직장, 사업터의 어떤 문제라 할지라도 하나님께서는 완벽하게 해결해 주십니다.

그래서 마가복음 9장 23절에 "할 수 있거든이 무슨 말이냐 믿는 자에게는 능치 못할 일이 없느니라" 말씀하셨습니다. 성경을 보면 믿음의 선진들이 사람으로서는 행할 수 없는 놀라운 일을 수없이 행합니다.

여러분은
보배 중의 보배가
무엇이라고 생각하나요?

홍해를 갈라 사람들을 마른 땅으로 건너게 하고, 태양을 중천에 머물게 하거나 하늘에서 불을 내리는가 하면, 먹지 못할 쓴물을 먹을 수 있는 단물로 바꾸고, 반석을 치니 물이 솟아났지요. 죽은 사람을 살리고 각종 질병들을 치료하였습니다.

이처럼 하나님께서 기뻐하시는 영적인 믿음으로 인해 나타나는 기사와 표적은 성경 속에서만 찾아볼 수 있는 것이 아닙니다. 오늘날에도 초대교회와 같은 교회와 하나님의 사람들을 통해 권능의 역사가 멈추지 않고 나타나고 있습니다.

우리 교회에서도 각종 암, 결핵, 중풍, 뇌성마비, 디스크, 관절염, 백혈병, 에이즈 등 불치병, 난치병으로 소망 없이 살아가던 사람들이 믿음으로 깨끗이 치료받았습니다. 귀신 들린 사람들이 온전케 되었고, 소아마비, 각종 사고로 평생을 불구로 살아야 했던 사람들도 기도받고 그 자리에서 걷고 뛰었습니다.

기사와 표적,
권능의 역사를
체험하며 살고 있나요?

뿐만 아니라 심한 화상을 입은 사람이 기도받은 즉시 화기가 물러가고 얼마 지나지 않아 흉터 없이 깨끗해졌습니다. 뇌출혈이나 급체, 연탄가스 중독으로 의식이 없고 경직된 사람들이 기도받은 즉시 깨어나고, 호흡이 끊어진 사람이 기도받고 살아나기도 했습니다.

그런가 하면 5년, 10년, 20년 동안 잉태하지 못했던 사람이 기도받고 잉태하여 건강한 아이를 낳은 경우도 많습니다. 이 외에도 보지 못하던 사람이 보고, 듣지 못하던 사람이 듣고, 말하지 못하던 사람이 말하는 등 놀라운 권능의 역사로 하나님께 큰 영광을 돌렸습니다.

하나님의 권능은 치료의 역사로만 그치지 않습니다. 믿음의 기도를 하면, 억수같이 쏟아지던 비가 즉시 멈추고, 뜨거운 햇볕이 내리쬘 때 구름이 몰려와 가려 주며, 태풍이 물러가는 등 천기까지도 움직였습니다.

매년 하계 수련회 때는 전국이 태풍이나 장마로 큰 피해를 입어도 수련회 장소만은 비가 내리지 않았습니다. 일반적으로 무지개는 비 온 뒤에나 볼 수 있는데 맑은 하늘에서 수없이 보았고, 잠자리 떼가 해 주변에서 눈송이처럼 쏟아져 내려와 모기와 해충을 잡아먹고 성도들 몸에 앉아 즐겁게 해 주는 체험도 헤아릴 수 없이 많습니다.

이처럼 살아 계신 하나님께서는 영의 공간을 열어 기사와 표적, 권능을 나타내시며 모든 사람이 성경이 참임을 믿을 수 있도록 인도하고 계십니다. 그래서 사람의 생각과 지식으로는 이해할 수 없는 일들이 지금도 전 세계 곳곳에서 일어나고 있습니다. 참마음과 온전한 믿음으로 이러한 권능을 체험하는 축복을 받으시기 바랍니다.

Plus

'육적인 믿음'은?

눈으로 봐서 확인이 되고, 자신이 아는 상식이나 지식과 일치될 때라야 믿는 믿음을 말한다. 행함이 따르지 않는다. 이를 지식적인 믿음 또는 이성적인 믿음이라 한다.

Chapter 7

불의 응답을 받은 엘리야

우상 숭배에 젖은 백성을 하나님께로 돌이키게 한
엘리야의 순종과 믿음을 본받게 한다.

읽을 말씀: 열왕기상 18:20~46

… 여호와여 내게 응답하옵소서 내게 응답하옵소서 이 백성으로 주 여호와는 하나님이신 것과 주는 저희의 마음으로 돌이키게 하시는 것을 알게 하옵소서 …

외울 말씀: 마가복음 16:20

제자들이 나가 두루 전파할새 주께서 함께 역사하사 그 따르는 표적으로 말씀을 확실히 증거하시니라

참고 말씀: 열왕기상 18:39

모든 백성이 보고 엎드려 말하되 여호와 그는 하나님이시로다 여호와 그는 하나님이시로다 하니

이에 여호와의 불이 내려서 번제물과 나무와 돌과 흙을 태우고 또 도랑의 물을 핥은지라 열왕기상 18:38

이스라엘 역사상 악한 왕으로 손꼽히는 아합은 백성들을 하나님에게서 등돌리게 만들고, 이방신들을 섬기면서도 전혀 양심의 가책을 느끼지 않았습니다. 더구나 시돈의 왕 엣바알의 딸 이세벨을 왕비로 맞아들이기까지 하지요. 시돈 왕은 바알을 섬기는 제사장이기도 했는데, 그의 딸을 왕비로 맞아들였으니 이스라엘이 타락의 길로 빠져드는 것은 시간 문제였습니다.

하나님께서는 이스라엘의 죄악이 극에 달한 시대에 맞춰 하나님만이 참 신이심을 나타내며, 우상 숭배에 빠진 백성들을 하나님께로 돌이키게 할 하나님의 사람을 보냅니다. 그가 바로 엘리야 선지자입니다.

1. 오직 믿음으로 순종한 엘리야

엘리야는 하나님의 능력이 입혀지기 전에는 매우 유약한 성품이었습니다. 항상 자신은 부족하고 내세울 것이 없다고 생각했기에 자신감이 없는 모습이었지요. 어떤 상황에서도 자기를 주장하거나 화평을 깨는 일이 없었습니다. 이러한 그가 한 시대의 큰 선지자로 쓰임 받기 위해서는 유약한 성품이 영적으로 담대한 성품으로 변화되어야 했기에 하나님께서 연단을 허락하셨습니다.

엘리야에게
하나님의 능력이 입혀지니
어떻게 변화되었나요?

열왕기상 17장을 보면 하나님께서는 엘리야에게 온 나라를 우상의 소굴로 만들고 백성을 도탄에 빠뜨린 아합 왕에게 무서운 심판이 임할 것을 전하게 하십니다.

엘리야는 "나의 섬기는 이스라엘 하나님 여호와의 사심을 가리켜 맹세하노니 내 말이 없으면 수년 동안 우로가 있지 아니하리라" 전합니다(왕상 17:1). 그런 다음 하나님께서는 엘리야에게 아합을 피하여 숨을 곳을 지정해 주십니다. 마음이 악하여 하나님을 거역한 아합 왕에게 가뭄의 저주를 선포한다면, 그는 회개하고 돌이키기보다는 오히려 엘리야를 죽이려고 할 것이기 때문입니다.

하나님께서는 엘리야를 그릿 시냇가로 숨게 하시고 까마귀를 통해 아침저녁으로 떡과 고기를 공급해 주셨습니다. 비가 내리지 아니하여 그릿 시내가 마르자 하나님께서는 엘리야를 시돈에 있는 사르밧 과부에게 보냅니다. 엘리야는 과부에게 떡 한 조각을 공궤받고 가뭄이 끝날 때까지 양식이 끊이지 않는 축복을 주었으며, 과부의 죽은 아들을 살리기도 했습니다.

2. 갈멜 산에서 불의 응답을 받은 엘리야

하나님의 말씀대로 3년 반 동안 지독한 가뭄이 이스라엘 전역을 덮쳤습니다. 열왕기상 18장을 보면 하나님께서 엘리야에게 "너는 가서 아합에게 보이라 내가 비를 지면에 내리리라" 말씀하십니다.

당시 아합 왕은 엘리야를 잡아 죽이고자 혈안이 되어 있었기에 엘리야가 아합에게 보이면 죽을 수도 있는 상황입니다. 그런데도 엘리야는 "내가 모시는 만군의 여호와의 사심을 가리켜 맹세하노니 내가 오늘날 아합에게 보이리라" 하며 담대히 아합 왕에게 나아갑니다. 엘리야를 보자마자 아합 왕은 "이스라엘을 괴롭게 하는 자여 네냐" 하며 소리칩니다.

이에 엘리야는 조금도 두려워하지 아니하고 "내가 이스라엘을 괴롭게 한 것이 아니라 당신과 당신의 아비의 집이 괴롭게 하였으니 이는 여호와의 명령을 버렸고 당신이 바알들을 좇았음이라" 하지요. 즉 3년 반의 가뭄은 이스라엘 왕과 백성의 우상 숭배로 인해 임한 재앙이라는 것입니다. 그리고 아합 왕에게 "바알의 선지자 사백오십 인과 아세라의 선지자 사백 인을 갈멜 산으로 모아 내게로 나오게 하소서" 요청합니다.

이스라엘에
3년 반 동안
가뭄이 든 원인은
무엇이었을까요?

엘리야는 이들과 대결할 때 살아 계신 하나님만이 불로 응답하실 것을 굳건히 믿었습니다. 그래서 백성들에게 "불로 응답하는 신 그가 하나님이니라"고 외쳤지요.

엘리야는 바알 선지자들에게 "먼저 한 송아지를 택하여 잡고 너희 신의 이름을 부르라 그러나 불을 놓지 말라"고 합니다. 이 제안에 모두 수락을 합니다. 왜냐하면 그들은 바알만이 하늘에서 불을 내리며 비, 바람, 폭풍을 일으킨다고 믿었기 때문입니다.

수백 명이 큰소리로 바알을 부르며 칼과 창으로 피나도록 자기 몸을 상하며 불로 응답해 달라고 외쳤습니다. 하지만 오정이 지나 저녁 소제 드릴 때까지 아무 소리도, 응답도 없었습니다. 이를 지켜본 엘리야는 먼저 여호와의 무너진 단을 수축합니다. 그런 다음 번제물 위에 많은 물을 붓게 하지요.

엘리야가
불의 응답을 받기 위해
가장 먼저 행한 것은
무엇인가요?

그러면 엘리야가 번제물 위에 물을 붓게 한 이유는 무엇일까요?

이는 오직 하나님께서 역사하셨음을 누구도 의심하지 않고 믿도록 나타내기 위해서였습니다. 3년 반 동안 계속된 가뭄 속에서 무엇보다 귀한 것은 물입니다. 그 귀한 물을 통 넷에 세 번씩이나 제단에 부었습니다. 이는 가장 귀한 것을 하나님께 드리면 반드시 행한 대로 거두게 하시는 하나님을 믿었기 때문입니다.

또한 하늘에서 불이 내려와 제물을 불살랐을 때 눈속임 없이, 오직 하나님께서 역사하셨다는 사실을 모든 사람에게 각인시키기 위해서였습니다. 우상에 불과한 바알은 신도 아니요, 오직 하나님만이 응답하시는 참 신이심을 역력히 보여 주고자 했던 것입니다.

마침내 엘리야가 "여호와여 내게 응답하옵소서 … 이 백성으로 주 여호와는 하나님이신 것과 주는 저희의 마음으로 돌이키게 하시는 것을 알게 하옵소서"라고 부르짖자 하늘에서 불이 내려와 번제물과 나무와 돌과 흙을 태웠고 도랑의 물을 다 핥았습니다. 이는 춤추고 자해하며 기도했던 바알 선지자들과는 너무나 대조적인 모습이었습니다.

이처럼 엘리야가 불의 응답을 받는 놀라운 광경을 지켜본 백성들은 "여호와 그는 하나님이시로다" 두려워 떨며 하나님만이 참 신임을 인정하였습니다. 엘리야는 오직 믿음으로 구하고 조금도 의심없이 하나님을 믿고 신뢰했기에 자신을 죽이려는 사람들 앞에서도 담대히 살아 계신 하나님을 증거할 수 있었습니다.

3. 큰비가 내리기까지 오직 믿음으로 행한 엘리야

엘리야는 오직 믿음으로 거짓 선지자 850명과 대결하여 불의 응답을 받아 이스라엘 백성을 철저히 회개시킵니다. 뿐만 아니라 바알의 선지자 450명을 하나도 도망치지 못하게 하여 다 죽입니다.

그리고 이스라엘의 아합 왕에게 가서 오직 믿음으로 "큰비의 소리가 있나이다" 고백한 후, 다시 갈멜 산 꼭대기로 올라갑니다. 이는 "내가 비를 지면에 내리리라" 하신 하나님의 말씀을 이루기 위한 믿음의 행함이었습니다.

불의 응답을 받은 엘리야는 하나님 말씀을 이루기 위해 무엇을 했나요?

마침내 갈멜 산 정상에 오른 엘리야는 땅에 무릎을 꿇고 엎드려 간절히 기도하기 시작했지요. 얼마나 간절히 부르짖어 기도했던지 배가 뒤틀리고 창자가 꼬이고 허리가 구부러지면서 얼굴이 무릎 사이로 들어갔습니다. 이처럼 엘리야는 하나님께로부터 응답을 받을 때까지 쉬지 않고 간구합니다.

한편 사환에게는 "올라가 바다 편을 바라보라"고 했습니다. 사환이 올라가 바라보고 와서 "아무것도 없나이다" 고백하니 "일곱 번까지 다시 가라"고 당부합니다. 바다 편에서 사람의 손만 한 작은 구름이 일어날 때까지 사환에게 무려 일곱 차례나 바라보게 했습니다.

간절한 엘리야의 기도는 하늘 보좌를 움직이며 하나님을 감동시키기에 충분했습니다. 3년 반 동안이나 닫힌 하늘을 열어 비를 오게 하는 기도이니 얼마나 힘을 다하고 뜻을 다하고 정성을 다했겠습니까.

엘리야는
손만 한 작은 구름을
보기까지
어떻게 기도했나요?

엘리야는 하나님의 응답을 받을 때까지 오직 믿음으로 기도했습니다. 하나님께서 비를 내리리라고 약속하셨어도 구해야 한다는 영계의 법칙을 알았기 때문입니다(겔 36:37). 아무리 하나님께서 응답하시겠다고 언약하셨어도 우리가 구하지 않는다면 응답받을 수가 없습니다.

또한 엘리야는 하나님의 약속을 믿기에 믿음의 행함과 함께 믿음의 고백으로 하나님의 응답을 끌어내리는 것을 볼 수 있습니다. 손만 한 작은 구름만 일어났을 뿐, 아직 비가 내리기 시작한 것이 아닌데도 사환에게 "올라가 아합에게 고하기를 비에 막히지 아니하도록 마차를 갖추고 내려 가소서 하라" 합니다. 그러자 조금 후에 구름과 바람이 일어나서 하늘이 캄캄하여지고 큰비가 내렸습니다.

그러므로 엘리야처럼 하나님의 응답을 받고 마음의 소원을 이루기 위해서는 무엇보다 하나님을 기쁘시게 하는 믿음을 내보여야 합니다. 기쁨으로 예배드리고 정성껏 예물도 준비하여 드려야 하지요. 또한 의심 없이 끝까지 구하되 입술로 시인하는 것 역시 중요합니다.

창조주 하나님께는 못 이루실 일이 없습니다. 우리에게 있는 어떠한 문제도 의심 없이 믿음으로 구할 때 하나님께서 해결사가 되어 주십니다. 엘리야처럼 오직 믿음의 고백을 하며, 응답받을 때까지 간절히 기도함으로 하나님께 영광 돌리시기 바랍니다.

Plus

'아합 왕'은 어떤 인물일까?

아합은 북이스라엘 왕조 가운데 가장 악명을 떨친 인물이다. 바알을 숭배하는 이세벨과 결혼하여 바알의 단을 쌓고 섬기며, 아세라 목상을 만들어 하나님의 노를 격발하였다. 결국 우상 숭배로 인해 이스라엘에 3년 6개월 동안 가뭄과 기근이 임했다.
또한 궤계를 써서 나봇을 죽이고 그의 포도원을 빼앗는 등 수많은 악을 행한다. 결국 아람과의 전쟁에서 한 병사가 우연히 쏜 화살에 죽어, 그 피를 개들이 핥는 비참한 종말을 맞이했다.

애굽의 총리가 된 요셉

요셉은 17세의 어린 나이에 애굽의 시위대장
보디발의 집에 종으로 팔려갔습니다.

그런데 요셉이 얼마나 신실하고 충성스러웠으면
보디발은 그에게 집안일을 다 위임하고
다시 간섭하지도 않았다고 했습니다.

아무리 하찮은 일이라도 적당히 한 것이 아니라,
주인의 마음으로 최선을 다했기 때문입니다.

하나님의 나라를 이룰 때도 곳곳에
이런 직분자들이 절실하게 필요합니다.

요셉처럼 윗사람이 돌아보지 않아도 될 만큼
충성스럽게 감당하는 사람이 있다면
하나님의 나라에도 얼마나 힘이 될까요?

누가복음 16장 10절에
"지극히 작은 것에 충성된 자는 큰 것에도 충성되고
지극히 작은 것에 불의한 자는
큰 것에도 불의하니라" 말씀합니다.

비록 육의 상전을 섬긴 것이지만 요셉은
하나님을 믿는 믿음으로 충성된 행함을 보였습니다.
하나님께서는 그것을 헛되게 여기지 않으시고
애굽 총리가 되는 축복으로 갚아 주셨지요.

| 이재록 목사 저서 『이 같은 것을 금지할 법이 없느니라』 중에서 |

Part 3

영원한 것을 위하여

S i x - d a y M a n n a

"우리의 돌아보는 것은 보이는 것이 아니요

보이지 않는 것이니

보이는 것은 잠깐이요

보이지 않는 것은 영원함이니라"

고린도후서 4:18

Chapter 8

영원한 것을 위하여

하나님을 경외하고 그 명령을 지킴으로
사람의 본분을 행하여 영원한 천국을 얻게 한다.

읽을 말씀: 전도서 1:1~3

다윗의 아들 예루살렘 왕 전도자의 말씀이라 전도자가 가로되 헛되고 헛되며 헛되고 헛되니 모든 것이 헛되도다 …

외울 말씀: 전도서 12:13

일의 결국을 다 들었으니 하나님을 경외하고 그 명령을 지킬지어다 이것이 사람의 본분이니라

참고 말씀: 열왕기상 9:4

네가 만일 네 아비 다윗의 행함같이 마음을 온전히 하고 바르게 하여 내 앞에서 행하며 내가 네게 명한 대로 온갖 것을 순종하여 나의 법도와 율례를 지키면

사람이 해 아래서 수고하는 모든 수고가
자기에게 무엇이 유익한고 전도서 1:3

이스라엘 최대 전성기 때의 왕 솔로몬은 하나님께 전무후무한 지혜를 받아 정치, 경제, 군사, 외교 등 모든 면에서 이스라엘 역사상 유례를 찾아볼 수 없는 번영을 누렸습니다. 막강한 군사력을 보유하며, 주변 나라들로부터 조공을 받을 정도로 부강했고, 백성들은 바닷가의 모래같이 많았습니다.

그런데 말년에 여호와의 율법을 어기고, 이방 여인들이 가지고 온 각종 우상들을 숭배하며 산당까지 지었습니다. 이에 하나님의 진노가 임하고 솔로몬의 아들 대(代)에 가서는 나라가 남북으로 분열되고 맙니다.

1. 하나님께 일천 번제를 드리고 축복받은 솔로몬 왕

다윗의 뒤를 이어 왕위에 오른 솔로몬은 이스라엘 백성들과 함께 기브온 산당에서 하나님께 일천 번제를 드렸습니다. 일천 번이나 하나님을 향한 사랑과 헌신으로 번제를 드린 것입니다. 하나님께서는 얼마나 기쁘셨던지 솔로몬의 꿈에 나타나 "내가 네게 무엇을 줄꼬 너는 구하라"고 말씀하셨습니다. 이때 솔로몬은 무엇을 구했을까요?

열왕기상 3장 6절 이하를 보면 자신의 장수나 부귀영화를 구한 것이 아니라, 오직 한 나라의 왕으로서 수많은 백성을 재판할 수 있는 지혜로운 마음을 구하였습니다.

"내가 네게 무엇을 줄꼬"
하나님께서 물으셨을 때
솔로몬은 무엇을
구했나요?

솔로몬 왕의 구하는 바가 얼마나 하나님 마음에 합하였던지 하나님께서는 크게 기뻐하시며 지혜는 물론 구하지도 않은 부귀영화까지 보너스로 주셨습니다.

열왕기상 4장 29~30절에 "하나님이 솔로몬에게 지혜와 총명을 심히 많이 주시고 또 넓은 마음을 주시되 바닷가의 모래같이 하시니 솔로몬의 지혜가 동양 모든 사람의 지혜와 애굽의 모든 지혜보다 뛰어난지라" 말씀한 대로 많은 왕들이 솔로몬의 지혜를 들으러 찾아왔습니다.

이러한 하나님의 지혜와 막강한 국력을 기반으로 솔로몬 왕은 주변 지역을 정복해 가고 7년에 걸쳐 하나님의 성전을 완공합니다. 이를 매우 기뻐하신 하나님께서는 솔로몬에게 다시 나타나 약속하셨습니다.

열왕기상 9장 4~5절에 "네가 만일 네 아비 다윗의 행함같이 마음을 온전히 하고 바르게 하여 내 앞에서 행하며 내가 네게 명한 대로 온갖 것을 순종하여 나의 법도와 율례를 지키면 내가 네 아비 다윗에게 허하여 이르기를 이스라엘 위에 오를 사람이 네게서 끊어지지 아니하리라 한 대로 너의 이스라엘의 왕위를 영원히 견고하게 하려니와"라고 축복하신 것을 볼 수 있습니다.

반면 열왕기상 9장 6~7절에는 "만일 너희나 너희 자손이 아주 돌이켜 나를 좇지 아니하며 내가 너희 앞에 둔 나의 계명과 법도를 지키지 아니하고 가서 다른 신을 섬겨 그것을 숭배하면 내가 이스라엘을 나의 준 땅에서 끊어 버릴 것이요 내 이름을 위하여 내가 거룩하게 구별한 이 전이라도 내 앞에서 던져 버리리니 이스라엘은 모든 민족 가운데 속담거리와 이야깃거리가 될 것이며"라고 경계하셨지요.

2. 하나님의 경고를 듣지 않고 범죄한 솔로몬 왕

솔로몬은 하나님의 지혜를 받아 40년 동안 이스라엘을 다스리며 엄청난 경제력과 군사력을 지닌 강대국으로 성장시켰습니다. 또한 하나님의 축복 가운데 통일 왕국을 다스리며 온갖 부귀영화를 누렸지요.

솔로몬 왕이
범죄하게 된 이유는
무엇일까요?

그런데 솔로몬 왕이 아버지 다윗의 믿음에서 떠나 범죄하기 시작합니다. 하나님께서 이스라엘 왕들에게 여인들을 많이 두지 말 것을 말씀하셨지만(신 17장) 솔로몬은 후비와 빈장만 해도 무려 1천 명을 두었습니다(왕상 11장).

솔로몬 왕은 많은 이방 여인을 사랑했기에 그들이 섬기는 우상을 따라 섬겼으며 심지어 국고를 털어 곳곳에 이방 신당들을 세우는 일도 서슴지 않았습니다. 이처럼 솔로몬이 마음을 돌이켜 이스라엘의 하나님 여호와를 떠나 다른 신들을 섬겼으므로 하나님께서 진노하셨습니다.

열왕기상 11장 11절에 "여호와께서 솔로몬에게 말씀하시되 네게 이러한 일이 있었고 또 네가 나의 언약과 내가 네게 명한 법도를 지키지 아니하였으니 내가 결단코 이 나라를 네게서 빼앗아 네 신복에게 주리라" 했습니다. 하나님께서 솔로몬을 외면하시자 사방에서 적들이 쳐들어 왔고, 결국 솔로몬의 아들 르호보암 때에 이스라엘은 남과 북으로 분열되고 말았지요.

통일 왕국 이스라엘이 남과 북으로 분열된 것은 누구 때문인가요?

솔로몬은 이스라엘의 왕이 되어 자기 눈이 원하는 것을 금하지 않았고, 자기 마음에 즐거운 것이라면 다 취해 보았습니다. 그러나 그 무엇도 마음을 채워 주지 못했습니다.

최고의 부귀영화를 누렸던 솔로몬이었지만 하나님을 떠나니 모든 것이 헛되고 헛될 뿐이었지요. 그래서 전도서에 '마음껏 세상 쾌락을 누려 보았더니 이 세상이 참으로 살 만하더라'고 한 것이 아니라, '해 아래서 수고하는 모든 것 곧 인생의 모든 수고가 헛될 뿐이라'고 강조하였던 것입니다. 진정한 영혼의 만족은 물질이나 권세, 세상 정욕에 있는 것이 아니라, 오직 하나님께만 있음을 중심에서 깨달았기 때문입니다.

해와 같이 빛나던 솔로몬 왕도 하나님 말씀을 떠나니 인생이 허무해졌습니다. 강물이 끊임없이 흘러도 바다를 다 채울 수 없듯이 눈은 보아도 족함이 없고 귀는 들어도 차지 않았지요. 결국 사람이 아무리 많은 것을 취하며 자기 마음을 채우려 해도 소용이 없고, 평생을 수고하여 공로를 쌓아도 종국에는 죽음뿐이라는 것을 깨달았습니다.

지혜가 있고 학식이 높으며 명성을 날린 사람도 그 이름이 영원하지 않습니다. 악인이나 선인이나 부자나 가난한 자나 결국에는 죽습니다. 평생을 수고하며 쌓은 것들도 죽어서 한 줌 흙으로 돌아가 버리면 더 이상 누릴 수가 없으니 헛될 뿐입니다. 그러니 인생이 마치 안개와 같고 그림자와 같다고 고백하는 것을 볼 수 있습니다.

3. 헛된 것을 버리고 영원한 천국을 소유하려면

헛된 것을 체험한 솔로몬 왕은 말년에 이르러서야 인생의 참된 가치가 무엇인지 깊이 깨우치고 철저히 회개합니다.

그래서 자신이 기록한 전도서 12장 13~14절에 "일의 결국을 다 들었으니 하나님을 경외하고 그 명령을 지킬지어다 이것이 사람의 본분이니라 하나님은 모든 행위와 모든 은밀한 일을 선악 간에 심판하시리라" 교훈하였지요.

인생의
참된 가치는
무엇일까요?

영원한 천국을 소유하려면 사람의 본분을 지켜야 한다는 것입니다.

성경에 기록된 하나님의 명령은 크게 넷으로 나눌 수 있습니다. 무엇을 "하라, 하지 말라, 버리라, 지키라" 하셨는데 그 말씀에 순종하는 것이 곧 사람의 본분을 지키는 것이요, 헛되지 않은 삶을 사는 것이라 할 수 있습니다.

세상 사람들은 영원한 하늘의 것을 목표 삼지 않고, 변질되고 소멸되는 이 땅의 정욕과 자신의 유익만을 위해 살아가기 때문에 헛되고 헛될 수밖에 없는 것입니다. 그러나 하나님을 경외하여 사람의 본분을 지키는 사람은 부활의 영광에 동참할 소망이 있습니다. 이러한 소망을 가지고 이 땅에서 행하는 모든 일들은 결국 하나님의 영광을 위한 것이기에 썩지 않고 영원한 가치가 있는 것입니다.

사랑의 하나님께서는 우리가 주 안에서 수고하며 믿음으로 행한 모든 것들에 하늘의 영원한 것으로 갚아 주시는 분입니다. 이 세상을 사랑하여 향락과 물질과 명예에 현혹되는 것이 아니라 영원한 것을 위하여 자신의 사명을 잘 감당하는 지혜로운 성도가 되시기 바랍니다.

> 여러분은
> 어디에 관심을 두고
> 무엇을 위해
> 살아가고 있습니까?

예수님께서는 누가복음 12장에 나오는 어리석은 부자 비유를 통해 물질 위주, 세상 위주의 삶이 얼마나 허무한지 깨우쳐 주셨습니다. 한 부자가 그 밭에 소출이 풍성하매 심중에 생각하여 가로되 "내가 곡식 쌓아 둘 곳이 없으니 어찌할꼬 … 내 곡간을 헐고 더 크게 짓고 내 모든 곡식과 물건을 거기 쌓아

두리라 … 여러 해 쓸 물건을 많이 쌓아 두었으니 평안히 쉬고 먹고 마시고 즐거워하자 하리라" 합니다. 이때 하나님께서 "오늘 밤에 네 영혼을 도로 찾으리니 그러면 네 예비한 것이 뉘 것이 되겠느냐" 하시며 생명을 거둔다면 부자가 쌓아 둔 재물이 아무 소용이 없음을 말씀하십니다.

누가복음 12장 33~34절에는 "너희 소유를 팔아 구제하여 낡아지지 아니하는 주머니를 만들라 곧 하늘에 둔바 다함이 없는 보물이니 거기는 도적도 가까이하는 일이 없고 좀도 먹는 일이 없느니라 너희 보물 있는 곳에는 너희 마음도 있으리라" 말씀하고 있습니다.

그러므로 자신의 시간과 노력, 지혜와 정성, 모든 관심을 어디에 두며 무엇을 위해 살아가고 있는지 돌아보시기 바랍니다. 이 땅의 헛되고 헛된 것에 관심을 두는 것이 아니라, 하나님을 경외함으로 가장 가치 있고 영원한 천국을 소망하며 힘차게 달려가야겠습니다.

Plus

하나님께서 이스라엘 왕들에게 명하신 말씀(신 17:16~19)

1. 말(馬)을 많이 두지 말고, 말을 많이 얻으려고 백성을 애굽으로 돌아가게 말라.
2. 아내를 많이 두어 마음이 미혹되지 않게 하라.
3. 은금을 자신을 위하여 많이 쌓아 두지 말라.
4. 율법서를 평생 옆에 두어 읽고 지켜 행하라.

Chapter 9

천국 잔치에 초청받은 사람들

누구든지 주님께서 배설하신 천국 잔치에 들어가
참 평안과 기쁨, 영생복락을 누리게 한다.

읽을 말씀: 누가복음 14:16~24

이르시되 어떤 사람이 큰 잔치를 배설하고 많은 사람을 청하였더니 … 다 일치하게 사양하여 하나는 가로되 나는 밭을 샀으매 불가불 나가 보아야 하겠으니 청컨대 나를 용서하도록 하라 …

외울 말씀: 갈라디아서 3:13

그리스도께서 우리를 위하여 저주를 받은바 되사 율법의 저주에서 우리를 속량하셨으니 기록된바 나무에 달린 자마다 저주 아래 있는 자라 하였음이라

참고 말씀: 누가복음 6:24~26

… 화 있을진저 너희 이제 배부른 자여 너희는 주리리로다 화 있을진저 너희 이제 웃는 자여 너희가 애통하며 울리로다 …

주 인 이 종 에 게 이 르 되 길 과 산 울 가 로 나 가 서 사 람 을 강 권 하 여 데 려 다 가 내 집 을 채 우 라 누 가 복 음 14 : 23

예부터 회갑이나 결혼 등 집안에 경사스러운 일이 생기면 그동안 사랑을 주고받았던 사람들을 초청하여 잔치를 베풀었습니다. 초청받은 사람은 예의를 갖추고 참석해 함께 기쁨을 나누며 풍성하게 차린 음식들을 먹으며 축하해 주었습니다.

사람을 창조하시고 생사화복을 주관하시는 하나님께서도 큰 잔치를 배설하시고 사랑하는 자녀들을 부르고 계십니다. 아름다운 천국을 예비하시고 예수 그리스도를 영접하는 사람마다 하나님의 자녀 된 권세를 얻어 천국 잔치에 참여할 수 있도록 초청하시는 것입니다.

1. 천국 잔치 비유

누가복음 14장에는 천국 잔치 비유의 말씀이 나옵니다. 어떤 사람이 "몇 월 며칠에 큰 잔치를 베풀고자 하오니 오셔서 행복하게 즐기시기 바랍니다."라는 초청장을 많은 사람에게 보냈습니다. 마침내 잔칫날이 다가왔습니다. 그런데 초청받은 사람들이 이런저런 핑계를 대며 못 간다고 하였지요. 이유인즉슨 밭을 샀으니 가봐야 한다, 소 다섯 겨리를 시험하러 가야 한다, 장가든 지 얼마 안 되었다는 것이었습니다(눅 14:16~20).

막대한 비용을 들여 정성스럽게 큰 잔치를 배설한 주인은 초청한 사람이 다 못 온다는 소식을 듣자 크게 노하지요. 주인은 종에게 "빨리 시내의 거리와 골목으로 나가서 가난한 자들과 병신들과 소경들과 저는 자들을 데려오라"고 합니다.

종이 "주인이여 명하신 대로 하였으되 오히려 자리가 있나이다" 하니 주인은 종에게 "길과 산울 가로 나가서 사람을 강권하여 데려다가 내 집을 채우라 내가 너희에게 말하노니 전에 청하였던 그 사람은 하나도 내 잔치를 맛보지 못하리라" 합니다(눅 14:22~24).

천국 잔치를 베푼 '주인'과 '장소'가 의미하는 것은 무엇일까요?

예수님은 이 천국 잔치 비유를 통해 무엇을 말씀하시는 것일까요? 여기서 잔치를 베푼 '주인'은 주님을 의미하고, 잔치를 베푼 '장소'는 교회를 가리킵니다.

주님은 교회를 훌륭한 연회장으로 만드시고 생명의 말씀으로 진수성찬을 베푸신 다음에 주의 종들을 통해 세상 사람들을 초청하고 계신 것입니다. 우리가 예배에 참석하는 것은 잔치에 초대받은 사람으로서 진수성찬을 맛있게 먹는 것과 같습니다.

천국 잔치 비유는 주님의 초청에 응하여 잔치에 참석한 사람들은 천국에 들어갈 수 있지만, 초청에 응하지 않은 사람은 천국을 소유할 수 없다는 귀중한 교훈을 줍니다.

여러분은
주님의 초청에 응하셨나요?
아니면 사양하셨나요?

2. 초청에 응하지 않은 사람들

이러한 천국 잔치 비유에서 주인의 초청에 응하지 않은 사람들이란 구체적으로 어떤 사람들일까요?

이스라엘에서는 보통 잔칫날이 되기 오래전에 사람들에게 초청 의사를 밝힌 후 잔칫날이 되면 다시 종을 보내어 전에 청했던 손님들을 데려오는 풍습이 있습니다. 그러니 밭을 사거나 결혼을 하는 일은 갑작스럽게 이루어지는 것이 아니므로 얼마든지 초청을 거절할 수 있는 시간적인 여유가 있는데도 이들은 주인이 준비를 다한 후에야 참석할 수 없다는 통보를 해 온 것입니다.

오늘날도 세상의 지위와 명예, 물질과 안락 등으로 배부른 사람들 곧 육신의 정욕과 안목의 정욕, 이생의 자랑으로 가득 찬 사람들은 주님의 초청에 응하지 않습니다. 세상의 지위와 명예, 물질과 향락에 물든 사람들은 이미 세상의 것으로 만족함을 얻고 하나님의 위로와 진리의 말씀을 들으려 하지 않기 때문에 결코 천국을 소유하거나 영생을 얻을 수 없습니다(눅 6:24~26).

우리는 세상의 부귀영화를 부러워하거나 이에 매이지 말고 심령이 가난한 사람이 되어 천국 잔치에 기쁘게 응해야 하겠습니다.

3. 천국 잔치에 참석한 사람들

주님의 초청에 응한 사람들은 바로 가난한 사람, 병든 사람, 소경, 저는 사람 등 주로 소외되고 버림받아 인정받지 못하는 사람들이었습니다. 그러나 하나님 앞에서는 조금도 부끄럽지 아니하며 도리어 복된 사람들이지요. 하나님 앞에 나오는 사람들을 살펴보면 대부분의 경우, 인생의 비극을 맛보고 사람의 나약함과 한계를 철저히 깨달은 이들입니다.

물론 선한 양심 가운데 사람의 도리를 좇아 하나님을 찾는 사람도 있습니다. 그러나 주로 심령이 가난하고 소외된 사람들이 간절한 마음으로 주님께 나아오기 때문에 복음을 전할 때 부요한 사람보다는 그들에게 전하는 것이 더 쉽습니다.

주님께서는
어떠한 사람들에게
복음을 전하라고 하셨나요?

마태복음 5장 3~10절을 보면 우리가 어떤 사람에게 복음을 전해야 하는지 구체적으로 알 수 있습니다.

복 있는 사람은 심령이 가난한 사람, 애통해하는 사람, 마음이 온유한 사람, 의에 주리고 목마른 사람, 가난하고 어려운 사람을 긍휼히 여기는 사람, 마음이 청결한 사람, 화평케 하는 사람, 의를 행하다가 핍박을 받는 사람입니다. 따라서 이들을 찾아가 복음을 전해야 신속히 열매를 맺어 하나님께 영광 돌릴 수 있습니다.

4. 천국 잔치에 많은 사람을 초청하신 이유

누가복음 14장 21절 이하를 보면 주인이 종에게 이르되 "빨리 시내의 거리와 골목으로 나가서 가난한 자들과 병신들과 소경들과 저는 자들을 데려오라 … 길과 산울가로 나가서 사람을 강권하여 데려다가 내 집을 채우라 … 전에 청하였던 그 사람은 하나도 내 잔치를 맛보지 못하리라" 했습니다.

여러분은 천국 잔치를 맛보고 계신가요?

이처럼 주님께서 많은 사람을 천국 잔치에 초청하신 이유는 과연 무엇일까요?

첫째로, 가난한 사람에게 복된 소식을 전하기 위해서입니다.

갈라디아서 3장 13~14절에 "그리스도께서 우리를 위하여 저주를 받은바 되사 율법의 저주에서 우리를 속량하셨으니 기록된바 나무에 달린 자마다 저주 아래 있는 자라 하였음이라 이는 그리스도 예수 안에서 아브라함의 복이 이방인에게 미치게 하고 또 우리로 하여금 믿음으로 말미암아 성령의 약속을 받게 하려 함이니라" 했습니다.

이는 하나님의 벗이라 불리며 거부였던 아브라함의 믿음을 소유하여 영적 승리뿐 아니라 물질의 축복도 받게 하시겠다는 뜻입니다. 가난한 사람이 예수 그리스도를 믿고 말씀에 순종하면 가난으로부터 해방되기 때문입니다.

둘째로, 포로 된 사람에게 자유를 주시기 위해서입니다.

오늘날 죄의 노예가 되어 헤어나오지 못하는 사람이 많습니다. 그런데 죄의 문제는 어떤 사람도 대신 해결해 줄 수 없습니다. 오직 예수 그리스도의 능력만이 우리를 죄의 종에서 자유케 할 수 있습니다.

죄의 종에서
자유하게 할 수
있는 분은 누구일까요?

그래서 하나님께서는 "이는 힘으로 되지 아니하며 능으로 되지 아니하고 오직 나의 신으로 되느니라"(슥 4:6) 말씀하셨지요.

주님의 보혈만이 우리를 죄에서 깨끗게 하실 수 있으며, 우리의 영혼을 생명으로 풍성하게 하십니다. 이러한 주님으로 인해 우리가 천국 잔치에 참석하여 진리로 자유함을 얻게 됩니다.

셋째로, 눈먼 자에게 다시 보게 하기 위해서입니다.

주님을 영접하지 않고 죽으면 영혼은 지옥으로 끌려가 끝없는 고통을 받아야 합니다. 이는 차라리 태어나지 않은 것만 못하지요. 천국 잔치는 영적으로 눈먼 사람에게 눈을 뜨게 하여 천국을 바라보게 해 줍니다. 누구든지 예수 그리스도를 영접하고 천국 잔치에 참여하면 부활의 소망과 천국의 소망이 생겨나며 영생을 얻게 됩니다(요 3:16).

넷째로, 주의 은혜의 해를 전파하기 위해서입니다.

'은혜의 해'란 이스라엘에서 50년마다 지키는 희년 곧 노예로 팔려간 가족이나 친지 혹은 빚으로 넘어갔던 땅 등 모든 잃은 것을 회복시켜 주는 때를 의미합니다. 예수님께서는 십자가에 못 박혀 죽으셨다가 사망 권세를 깨뜨리고 부활, 승천하셨습니다. 그리고 성령님을 보내 주심으로 복음이 전 세계에 전파되었고 이로 인해 은혜의 시대가 되었습니다.

누구든지 예수 그리스도를 영접하면 하나님의 자녀 된 권세를 회복하게 됩니다. 첫 사람 아담이 원수 마귀에게 넘겨준 모든 권세를 되찾을 수 있습니다. 그래서 주님은 전 세계 만민을 천국 잔치에 초청하고 계십니다. 우리도 주 안에 참 평안과 기쁨, 영원한 생명이 있음을 널리 전하여 많은 사람이 천국 잔치에 참석할 수 있도록 힘써야 하겠습니다.

Plus

'전도'는 하늘의 상급

하나님께서 하늘나라에서 주시는 상 중 전도 상이 가장 크다. 전도를 많이 하면 하나님께서 친히 브로치 같은 것을 가슴에 달아 주시는데 그 브로치를 보면 이 땅에서 얼마나 많은 사람을 전도했는지 알 수 있다.

Chapter 10

자기의 소유를 다 팔아

밭에 감추인 보화와 같은 천국을 소유하려면
자기의 소유를 다 팔아야 한다는 말씀의 의미를 살펴본다.

읽을 말씀: 마태복음 13:44

천국은 마치 밭에 감추인 보화와 같으니 사람이 이를 발견한 후 숨겨 두고 기뻐하여 돌아가서 자기의 소유를 다 팔아 그 밭을 샀느니라

외울 말씀: 마태복음 5:3

심령이 가난한 자는 복이 있나니 천국이 저희 것임이요

참고 말씀: 마태복음 13:45

또 천국은 마치 좋은 진주를 구하는 장사와 같으니

극히 값진 진주 하나를 만나매 가서 자기의 소유를 다 팔아 그 진주를 샀느니라 마태복음 13:46

예수님께서는 천국의 비밀을 깨닫게 하시려고 우리 삶에 있을 수 있는 일을 비유로 말씀해 주셨습니다. 마태복음 13장 44절에 "천국은 마치 밭에 감추인 보화와 같으니 사람이 이를 발견한 후 숨겨 두고 기뻐하여 돌아가서 자기의 소유를 다 팔아 그 밭을 샀느니라" 하셨지요. 그러면 이 말씀에 담긴 영적 의미와 이를 통해 나타내시고자 하는 천국의 비밀은 무엇일까요?

1. 밭에 감추인 보화를 발견한 농부

어느 마을에 품을 팔아 그날그날 살아가는 가난한 농부가 있었습니다. 하루는 이 농부가 이웃의 요청으로 밭에 품을 팔러 가게 되었습니다. 밭의 주인은 오랫동안 쓰지 않고 버려 두어 황폐한 땅이지만 썩히기 아까우니 개간하여 과목이나 심어 볼까 한다 했지요. 땀을 뻘뻘 흘리며 열심히 땅을 개간하던 농부는 갑자기 삽 끝에 이상한 물건이 닿는 것을 느꼈습니다. 계속해서 그곳을 파 보았더니 엄청난 보물이 묻혀 있었습니다.

보화를 발견한 농부는 어떻게 하면 그것을 손에 넣을 수 있을까 궁리하였습니다. 그때 문득 좋은 생각이 떠올랐지요. 자기의 소유를 다 팔아 그 밭을 사는 것이었습니다. 그 밭은 별 쓸모없이 버려져 있었기에 주인이 쉽게 팔 것 같았지요. 농부는 서둘러 집으로 돌아와서 가재도구를 정리하고 모든 소유를 팔기 시작하였습니다.

2. 천국은 마치 밭에 감추인 보화와 같으니

예수님께서 '천국은 마치 밭에 감추인 보화와 같다'(마 13:44)고 하셨는데, 여기서 '밭'은 사람의 마음을 의미하며, '보화'는 천국을 가리킵니다. 사람의 마음속에 보화와 같은 천국이 감추어져 있다는 것입니다.

여러분의 마음속에는 어떤 보화가 감추어져 있나요?

하나님께서 아담을 창조하실 때 사람의 주인인 영과, 영의 지배를 받는 혼과, 영혼이 거할 장막인 육으로 지으셨습니다. 그리고 만물의 영장으로 세워 하나님과 교통을 이루며 만물을 다스릴 수 있게 하셨습니다. 하지만 사람이 하나님 말씀에 불순종하여 선악과를 먹는 죄를 범하자 저주가 임하여 사람의 주인인 영이 죽고 말았지요.

'영이 죽었다'는 것은 영이 소멸되었다는 뜻이 아닙니다. 영이 주인 구실을 못하고 혼 속에 갇혀서 전혀 활동을 못하게 되었다는 것입니다. 사람의 영이 죽기 전에는 하나님과 교통하면서 하나님의 뜻을 좇아 살았습니다. 그러나 영이 죽은 후에는 하나님과 교통하지 못하고 마음에 하나님 두기를 싫어하며 하나님 앞에 합당치 못한 일을 하면서 살게 되었습니다.

이처럼 영혼육의 질서가 깨어져 사람의 본분을 행치 못하고 참 사람의 구실을 하지 못하게 되었지요. 이에 사랑의 하나님께서는 온 인류의 죄를 대속해 주시기 위해 예수님을 이 땅에 보내 화목제물로서 십자가에 못 박혀 죽게 하셨습니다. 이로써 우리는 죄에서 해방되고 거룩한 하나님의 자녀가 되어 하나님과 교통할 수 있는 구원의 길이 열린 것입니다.

우리가 예수 그리스도를 영접하면 성령을 선물로 받고 죽은 영이 살아나 하나님의 자녀 된 권세를 얻을 수 있습니다. 죽은 영이 살아나야 영이 사람의 주인으로서 하나님과 교통을 이루며 혼과 육을 다스리게 됩니다. 또한 사람의 본분을 행하며 사람답게 살아갈 수 있습니다.

밭에 감추인
보화를 발견했다는
말씀의 의미는
무엇인가요?

이렇게 죽었던 영이 살아난 것은 곧 밭에 감추어진 보화를 발견한 것이요, 우리 마음속에 천국이 임한 것이니 천국은 마치 밭에 감추인 보화와 같다고 말씀하시는 것입니다.

3. 보화를 발견한 후 숨겨 두고 기뻐하였다는 것은

농부가 '밭에 감추인 보화를 발견하고 기뻐하였다'는 것은 무슨 뜻일까요? 이는 예수 그리스도를 영접하여 성령을 받으면 죽었던 영이 살아나 우리 마음속에 천국이 있음을 깨닫고 기쁨이 넘친다는 뜻입니다.

하지만 마음속에 천국이 있다 해서 그것으로 만족해서는 안 됩니다. 죽은 영이 살아난 후 얼마나 성령으로 영을 낳으며 자신의 마음을 진리로 변화시키느냐에 따라 더 아름다운 천국을 소유할 수 있기 때문입니다.

> 농부가 밭에 감추인 보화를 발견하고 기뻐하였다는 것은 무슨 뜻일까요?

다음으로, 농부가 '보화를 발견한 후 숨겨 두었다'는 말씀의 의미는 무엇일까요? 사람의 죽은 영이 살아나 하나님 뜻대로 살고자 하는 마음은 생겨나지만 아직 능력이 주어지지 않아 행함 있는 믿음을 나타내지 못하고 있는 상태를 말합니다.

농부가 밭에 감추인 보화를 발견했다고 해서 즉시 캐낼 수 있는 상황은 아닙니다. 가재도구를 팔고 돈을 장만해야 그 밭을 살 수 있습니다. 마찬가지로 우리가 예수 그리스도를 영접하고 천국과 지옥이 있음을 알게 되고 어떻게 해야 천국에 가는지도 알아가지만 하나님 말씀을 듣는 그 즉시 행함이 따르지는 못합니다.

우리 마음 안에 있는 모든 비진리의 마음을 팔아 버리고, 진리의 마음을 소유하고자 노력하여 죄를 버리는 만큼 감추어진 보화를 캐내어 천국의 기쁨을 체험할 수 있습니다.

우리가 하나님 말씀대로 살 수 있는 능력을 받기 위해서는 열심히 하나님을 의뢰하고 기도하는 사람이 되어 진리인 하나님 말씀을 좇아가야 합니다. 성령의 음성을 듣고 인도를 받아 오직 하나님의 뜻대로 좇아 나가야 하는 것입니다.

4. 자기의 소유를 다 팔아 그 밭을 샀다는 것은

그러면 '자기의 소유를 다 팔아 그 밭을 샀다'는 것은 무슨 뜻일까요?

죽은 영이 살아나서 주인 역할을 하려면 비진리의 혼을 다 깨뜨려야 한다는 것입니다. 곧 죽었던 영이 살아나 우리 마음속에 천국이 있음을 깨달았으면 사단의 주관을 받던 비진리의 생각을 모두 깨뜨리고 믿음으로 천국을 소유해야 한다는 것이지요.

여러분은
죽은 영이 살아나
영혼이 잘되는 축복을
받고 있나요?

예수 그리스도를 영접하여 천국을 소유하는 사람이 되려면 주인 된 영이 마음을 지배할 수 있도록 해야 합니다. 혼이 깨어지고 영이 살아나는 만큼 마음속에 천국이 임하는 것이요, 영혼이 잘되어 위로부터 하나님의 말씀대로 살 수 있는 능력이 임합니다.

5. 자기의 소유를 다 팔아 천국을 소유하려면

그러면 자기의 소유를 다 팔아 천국을 소유하려면 어떻게 해야 할까요? 무엇보다도 육체의 일과 육신의 일을 버려야 합니다. 자기의 소유를 판다는 것은 하나님의 뜻을 거스르는 혼을 깨뜨리는 작업이요, 하나님의 말씀에 합당치 못한 육체의 일과 육신의 일, 그리고 하나님보다 더 사랑했던 모든 것들을 버려 나간다는 뜻입니다.

육체의 일이란 마음속의 악이 행함으로 나타난 것을 말하고, 육신의 일이란 아직 행함으로 나타나지는 않았지만 언제든지 행함으로 유발될 수 있는 마음속의 모든 죄성을 말하지요.

자기 소유를 다 팔아
그리스도의 마음을 이루면
어떠한 천국을
소유할 수 있을까요?

철저히 혼을 깨뜨리고 죄악을 버려 나가다 보면 성령의 소욕을 좇아 하나님의 말씀대로 살 수 있게 되고, 영의 사람이 되어 세상의 빛이 됩니다. 또한 신의 성품에 참예하는 자가 되며 그리스도 예수의 마음을 품게 되지요(벧후 1:4). 이처럼 자기의 소유를 다 팔아야 주님이 계신 가장 아름다운 천국 새 예루살렘 성의 기쁨을 누릴 수 있습니다.

우리가 어떤 물건을 소유하려면 물건의 값을 주고 사야 합니다. 마찬가지로 천국이 담긴 밭을 사려면 천국의 주인이신 하나님께 그 대가를 치러야 합니다. 하나님 앞에 신령과 진정으로 예배드리고 시간과 물질을 드려 헌신하며 자신의 소유를 드릴 때 비로소 천국을 얻을 수 있습니다.

그러므로 예수님께서 "심령이 가난한 자는 복이 있나니 천국이 저희 것임이요" 말씀하셨습니다(마 5:3). '심령이 가난하다'는 것은 악을 버리고 마음을 비웠다는 것이요, 자기 마음의 소유를 다 팔았다는 것이며, 이럴 때 보화를 캐내어 천국을 소유하게 됩니다.

누구든지 예수 그리스도를 영접하여 성령을 선물로 받으면 죽은 영이 살아나 천국의 기쁨을 체험할 수 있습니다. 혹여 천국을 소유하는 데 방해되고 하나님의 말씀대로 순종하는 데 거침돌이 되는 것이 있다면 신속히 뽑아 버리고 가장 아름다운 천국을 소유하시기 바랍니다.

Plus

'생명의 씨'란?

아담과 하와가 이 땅에 왔을 때는 생기가 흔적 정도밖에 남지 않은 상태였다. 그것은 작은 씨앗과 같은 형태로 몸에서 가장 중심이 되는 세포핵 안에 남게 되었다. 이것이 바로 생명의 씨다.

하나님께서는 태아가 잉태된 후 6개월째 되었을 때 영 안에 생명의 씨를 담아 태아의 몸에서 가장 중심이 되는 세포핵 안에 심어 주신다.

사람에게는 생명의 씨가 있기에 하나님을 찾고자 하며 천국을 그리워한다. 생명의 씨가 싹이 튼다는 것은 성령으로 거듭나 영이 살아나는 것을 말한다.

Chapter 11

신부단장을 잘하자

열 처녀 비유를 통해 신랑 되신 주님을 맞이할
신부의 자격에 대해 깨닫게 한다.

읽을 말씀: 마태복음 25:1~13
그때에 천국은 마치 등을 들고 신랑을 맞으러 나간 열 처녀와 같다 하리니 그중에 다섯은 미련하고 다섯은 슬기 있는지라 …

외울 말씀: 데살로니가전서 5:23
평강의 하나님이 친히 너희로 온전히 거룩하게 하시고 또 너희 온 영과 혼과 몸이 우리 주 예수 그리스도 강림하실 때에 흠 없게 보전되기를 원하노라

참고 말씀: 데살로니가전서 5:4
형제들아 너희는 어두움에 있지 아니하매 그날이 도적같이 너희에게 임하지 못하리니

그런즉 깨어 있으라 너희는 그날과 그 시를 알지 못하느니라 마태복음 25:13

마태복음 25장을 보면 천국은 마치 등을 들고 신랑을 맞으러 나간 열 처녀와 같다고 말씀합니다. 여기서 열 처녀는 하나님을 믿고 재림의 주님을 기다리는 성도들을 의미합니다. 예수님은 이 비유를 통해 성도 중에는 신랑을 맞이할 준비를 못한 미련한 다섯 처녀와 같은 사람과 신랑 맞을 준비를 잘한 슬기로운 다섯 처녀와 같은 사람이 있다는 사실을 알려 주셨습니다.

1. 열 처녀 비유

열 처녀 중에 다섯은 미련하고 다섯은 슬기가 있었습니다. 미련한 처녀들은 등을 가지되 기름을 가지지 아니하고, 슬기로운 처녀들은 그릇에 기름을 담아 등과 함께 가져갔습니다. 이처럼 열 처녀 모두 등을 들고 신랑을 기다리고 있었는데 밤은 점점 깊어 가고 신랑은 나타날 기미가 보이지 않았습니다. 눈꺼풀은 자꾸 감기고 졸음을 이겨 보려고 노력하지만 역부족이었지요. 열 처녀 모두 꾸벅꾸벅 졸며 자고 있을 때, 갑자기 "보라 신랑이로다 맞으러 나오라"는 소리가 들렸습니다.

밤중에 열 처녀 모두 일어나 부랴부랴 옷매무새를 가다듬고 등을 챙겨 불을 밝혔습니다. 그런데 미련한 다섯 처녀는 기름을 준비하지 않았기에 등불이 꺼져갑니다. 슬기로운 처녀들에게 "기름을 좀 나눠 달라" 부탁하지만 "차라리 파는 자들에게 가서 너희 쓸 것을 사라" 합니다.

열 처녀 비유를 통해 깨우쳐야 할 것은 무엇인가요? (마 25:13)

결국 미련한 다섯 처녀는 기름을 사러 갔고, 그 사이에 기다리고 기다리던 신랑이 도착했습니다. 슬기로운 다섯 처녀는 함께 혼인 잔치에 들어가고 문은 닫혔습니다. 미련한 처녀들이 돌아와 아무리 "주여 주여 우리에게 열어 주소서" 외쳐도 문은 열리지 않았지요. 오히려 "진실로 너희에게 이르노니 내가 너희를 알지 못하노라"는 민망한 답변만 들어야 했습니다.

이처럼 어리석은 사람은 "구원받을 기회가 내일도 있고, 모레도 있다." 며 여전히 깨어 있지 않고 신부단장에 힘쓰지 않습니다. 신부단장의 기회는 깨어 있는 사람에게만 허용되며 구원의 문은 한 번 닫히면 들어갈 수 없습니다. 영적으로 잠들어 있는 사람은 기름이 떨어져도 느끼지 못하기 때문입니다.

그래서 하나님께서는 열 처녀 비유를 통해 성도들에게 항상 깨어 있어 주님이 강림하시기 전에 온전히 신부단장을 마치라고 당부하십니다.

데살로니가전서 5장 23절에 "너희 온 영과 혼과 몸이 우리 주 예수 그리스도 강림하실 때에 흠 없게 보전되기를 원하노라" 하신 대로이지요. 교회만 왔다 갔다 하고 세상과 짝하며 쾌락을 즐기는 사람은 주의 강림을 기다리는 것이 아니며 구원과도 거리가 멀다는 사실을 깨달아야 하겠습니다.

2. 주님의 신부 된 자격을 갖추려면

성경을 보면 우리 주님을 '신랑', 주님을 믿는 성도를 '신부'에 비유하고 있습니다. 범죄한 아담이 에덴동산에서 쫓겨난 후 이 땅에서 시작된 6천 년 인간 경작이 마쳐지면 참으로 놀라운 일이 일어납니다. 신랑 되신 주님께서 공중에 강림하셔서 신부단장에 힘쓴 성도들과 함께 7년 동안 혼인 잔치를 벌입니다.

인간 경작이 마쳐지면
공중에서는
어떤 일이 벌어질까요?
(살전 4:16~17)

장차 되어질 일이 기록된 요한계시록 19장 9절을 보면 "어린양(곧 주님)의 혼인 잔치에 청함을 입은 자들이 복이 있도다" 했습니다. 신랑 되신 주님의 혼인 잔치에 초청받아 들어간다는 것은 구원받아 영생을 얻게 되었다는 뜻이니 참으로 복된 일이지요. 반면에 주님의 혼인 잔치에 들어가지 못하면 이 땅에 남아 7년 대환난을 겪게 됩니다. 그러니 다시 오실 주님을 맞이하기 위해 항상 깨어 있어 신부단장에 힘쓰며 7년 혼인 잔치에 들어갈 수 있는 자격을 갖추어야 합니다. 그러면 우리가 주님의 혼인 잔치에 들어가기 위해 반드시 갖추어야 할 신부의 자격은 무엇일까요?

첫째로, 어떠한 시험 환난에도 흔들림이 없는 믿음을 가져야 합니다.

히브리서 11장 6절에 "믿음이 없이는 기쁘시게 못하나니 하나님께 나아가는 자는 반드시 그가 계신 것과 또한 그가 자기를 찾는 자들에게 상 주시는 이심을 믿어야 할지니라" 말씀했습니다.

하나님께서 아브라함을 믿음의 조상으로 세우신 데는 그만한 이유가 있습니다. 사람의 생각으로는 도무지 이해되지 않는 상황에서도 아브라함은 믿음이 전혀 흔들리지 않고, 온전히 순종하여 믿음의 행함을 증거로 내보였기 때문입니다.

하나님을 기쁘시게 하는 것은 무엇이라고 했나요? (히 11:6)

바로 약속의 씨인 아들 이삭을 번제로 드리라 하셨을 때, 아브라함은 어떤 육신의 생각도 동원하지 않고 온전한 순종의 행함을 보였습니다.

그러면 다니엘의 세 친구는 어떻습니까? 죽음 앞에서도 믿음을 굳게 지켰기 때문에 하나님께서는 그들의 믿음을 매우 기뻐하셨습니다. 느부갓네살 왕은 금 신상을 만들어 놓고 다니엘의 세 친구 곧 사드락, 메삭,

아벳느고에게 금 신상에 절을 하라고 명령하였습니다. 절을 하지 않으면 극렬히 타는 풀무 불에 던져 넣겠다고 위협하였지요(단 3:15).

그런데도 그들은 하나님께서 싫어하시는 우상 앞에 결코 절하지 않았습니다. 도리어 "왕이여 우리가 섬기는 우리 하나님이 우리를 극렬히 타는 풀무 가운데서 능히 건져내시겠고 왕의 손에서도 건져내시리이다 그리 아니하실지라도 왕이여 우리가 왕의 신들을 섬기지도 아니하고 왕의 세우신 금 신상에게 절하지도 아니할 줄을 아옵소서"라고 담대히 고백합니다.

결국 다니엘의 세 친구는 금 신상에 절을 하지 않는다는 이유로 풀무 불에 던져졌습니다. 하지만 하나님께서 머리카락 하나 그슬리지 않도록 지켜 주셨기에 하나님의 살아 계심을 증거하며 크게 영광 돌렸지요.

둘째로, 마음을 청결하게 하여 흠이 없어야 합니다.

마음이 청결하다는 것은 교양과 지식으로 겉을 거룩하게 한다는 뜻이 아닙니다. 사무엘상 16장 7절에 "사람은 외모를 보거니와 나 여호와는 중심을 보느니라" 했습니다. 마음 중심을 보시는 하나님께서는 무엇보다 청결한 마음을 원하십니다.

어떤 사람이
하나님을 볼 수 있나요?
(마 5:8)

마태복음 5장 8절에 "마음이 청결한 자는 복이 있나니 저희가 하나님을 볼 것임이요" 했습니다. 마음을 더럽게 하는 죄악을 온전히 버려야 마음이 청결해지고 자기 몸과 주변도 청결히 합니다.

성경에서는 마음을 청결케 하는 것을 '두루마기를 빤다'고 표현합니다. 요한계시록 22장 14절에 "그 두루마기를 빠는 자들은 복이 있으니 이는 저희가 생명나무에 나아가며 문들을 통하여 성에 들어갈 권세를 얻으려 함이로다" 했습니다.

만일 옷에 오물이 묻었다면 어떻게 하겠습니까? 깨끗이 빨아서 입을 것입니다. 마음에 묻은 때도 마찬가지입니다. 영적인 물인 하나님 말씀으로 깨끗이 씻어 내야지요. 다투고 혈기 내던 사람은 혈기를 버려야 하고, 교만한 사람은 낮아지고 섬기며, 미움과 시기 질투가 있는 사람은 원수까지 사랑하는 마음으로 변화되어야 합니다. 그리하여 마음이 청결해지면 누구와도 걸리지 않고 오히려 품게 됩니다.

셋째로, 기름 준비하고 깨어 있어야 합니다.

슬기로운 다섯 처녀처럼 혼인 잔치에 들어가는 신부가 되려면 기름을 잘 준비해야 합니다. 이때 기름은 기도와 성령 충만함을 뜻합니다. 기름이 있어야 등에 불을 밝힐 수 있듯이 불같이 기도하여 성령의 충만함을 입어야 영혼의 빛을 밝힐 수 있습니다.

우리가
기름 준비를 잘하려면
어떻게 해야 할까요?

성령을 받아 하나님 자녀가 되었어도 기도하지 않으면 충만함이 떨어지기 마련입니다. 점차 세상과 타협하게 되고 죄악 가운데 살다가 결국에는 구원에도 이를 수 없습니다.

미련한 다섯 처녀가 졸지 않고 깨어 있었다면 얼마든지 기름을 준비할 수 있었습니다. 깨어 있어 신랑이 더디 오는 것을 알았다면 기름을 넉넉히 준비해 혼인 잔치에도 들어갈 수 있었을 것입니다. 그러므로 이 비유를 통해 항상 깨어 있어야 함을 깨달아야 합니다.

신랑 되신 주님께서 언제 다시 오실지 그날과 그 시는 아무도 알지 못하지만 깨어 있는 사람에게는 주의 날이 도적같이 임하지 않습니다(살전 5:4). 그러나 깨어 있지 않으면 노아 시대에 홍수 심판으로 다 멸하기까지 사람들이 깨닫지 못한 것과 같은 어리석음에 빠질 수 있습니다.

기름 준비는 하루 이틀에 되는 것이 아닙니다. 영적인 믿음도 스스로 얻을 수 있는 것이 아니라 하나님께서 주셔야만 받을 수 있습니다. 슬기로운 다섯 처녀처럼 기름 준비 잘하여 주님을 맞이하시기 바랍니다.

Plus

'어린양의 혼인 잔치'(계 19:9)

주님께서 공중에 강림하실 때에 구원받은 영혼들이 신부의 자격으로 7년 동안 신랑 되신 주님과 함께하는 잔치를 가리킨다. 주님이 공중 강림하시면 구원받은 모든 영혼이 신부로서 신랑 되신 주님을 맞이한다. 이때 구원받은 자녀들을 위로하기 위하여 하나님께서는 7년 동안 공중에서 혼인 잔치를 베푸신다. 장차 백보좌 대심판을 통하여 이 땅에서 행한 대로 천국의 처소와 상급으로 갚아 주지만, 그 이전에 혼인 잔치를 베풀어 주님과 함께 행복한 시간을 갖게 하신다.

영원한 천국에서 살아가려면

영화나 드라마에서 사람이 죽었을 때 자기와 똑같이 생긴 영혼이 쑤욱 빠져나가는 장면을 볼 수 있습니다. 몸을 빠져 나온 영혼은 아래에 누워 있는 또 다른 자기를 보고 '왜 나와 똑같이 생긴 사람이 있는지' 의아해하거나 놀랍니다. 이러한 일이 비단 영화나 드라마에서만 존재하는 허구일까요?

성경은 영의 세계와 영혼의 실재를 기록하고 있습니다. 우리가 장차 영원한 천국에서 살아가려면 영의 공간 속의 영혼육으로 변화되어야 합니다.

사람들은 하나님께서 창조하신 생령 아담의 불순종으로 죽은 영을 지닌 채 태어나 자신의 정욕대로 살아갑니다. 그러나 하나님의 은혜로 예수 그리스도를 영접하고 성령을 받아 죽은 영이 살아나면 영의 세계를 사모하는 하나님의 참 자녀가 될 수 있습니다.

농부가 밭에 씨를 뿌리고 경작하듯이
하나님께서 사람을 창조하고 경작하시는 섭리를 깨우쳐야
영을 회복하고 영에 속한 영혼육을 이루게 됩니다.

장차 빛의 공간인 셋째 하늘에서
살아가기에 적합한 영혼육을 이루어야
온전한 영체로서 영원한 천국의 삶을 누릴 수 있습니다.

이러한 빛의 공간에서 우리는 과연 어떤 모습일까요?

이 땅에서는 육의 공간에 적합한 영혼육을 가졌지만
영의 공간에 가면 그에 맞는 영과 혼과 몸을 갖게 됩니다.

| 이재록 목사 저서 『영혼육(하)』 중에서 |

Part 4

행한 대로 갚아 주리라

Six-day Manna

"보라 내가 속히 오리니

내가 줄 상이 내게 있어

각 사람에게 그의 일한 대로 갚아 주리라"

요한계시록 22:12

Chapter 12

천국은 침노를 당하나니

사랑의 하나님께서 예비하신 아름다운 천국을
믿음으로 침노하여 소유하게 한다.

읽을 말씀: 마태복음 11:12
세례 요한의 때부터 지금까지 천국은 침노를 당하나니
침노하는 자는 빼앗느니라

외울 말씀: 마태복음 11:12
세례 요한의 때부터 지금까지 천국은 침노를 당하나니
침노하는 자는 빼앗느니라

참고 말씀: 마태복음 13:31
또 비유를 베풀어 가라사대 천국은 마치 사람이 자기 밭에 갖다
심은 겨자씨 한 알 같으니

그 두루마기를 빠는 자들은 복이 있으니 이는 저희가 생명나무에 나아가며 문들을 통하여 성에 들어갈 권세를 얻으려 함이로다 요한계시록 22:14

올림픽에서 우승하여 금메달을 걸었을 때의 기쁨은 생애 최고라 할 수 있을 것입니다. 지난날 뼈를 깎는 듯한 고되고 힘든 훈련들을 잘 견디어 낸 눈물과 땀의 열매인 것이지요. 이처럼 잠시 잠깐 사는 이 세상에서도 상을 받기 위해 자신을 절제하고 고통을 인내하며 최선을 다하는 것을 볼 수 있습니다. 하물며 사랑의 하나님께서 예비하신 영원한 천국을 소망하는 성도들은 어떠한 삶을 살아야 할까요?

1. 믿음으로 침노하는 천국

마태복음 11장 12절에 "세례 요한의 때부터 지금까지 천국은 침노를 당하나니 침노하는 자는 빼앗느니라" 했습니다. 천국은 빛이신 하나님의 나라이므로 원수 마귀 사단이 근접할 수도 없는 빛의 영역입니다. 그런데 누가 감히 천국을 침노해 빼앗는다는 것일까요?

이는 하나님의 자녀들이 원수 마귀 사단과 싸워 이김으로 천국을 소유한다는 말씀입니다. 나아가 성도들의 믿음이 성장하는 만큼 더 좋은 천국에 들어갈 수 있게 된다는 뜻이지요.

천국이
침노를 당한다는 것은
무슨 뜻인가요?

사람은 죄로 인해 지옥에 갈 수밖에 없지만, 누구든지 예수 그리스도를 믿으면 구원받아 천국에 들어갈 수 있습니다. 그런데 원수 마귀 사단은 사람이 복음을 듣지 못하고 주님을 믿지 못하도록 훼방합니다. 성도라 할지라도 호시탐탐 기회를 노려 어떻게든 죄를 짓게 만듭니다.

이러한 원수 마귀 사단을 이기고 믿음의 선한 싸움에서 최후 승리자가 되려면 어떻게 해야 할까요? 원수 마귀 사단이 주관하는 죄를 피 흘리기까지 싸워 버리며 악은 모든 모양이라도 버려야 합니다. 성결을 이루며 주어진 사명을 잘 감당하는 만큼 믿음이 성장하므로 더 좋은 천국에 들어갈 수 있습니다.

2. 세례 요한의 때부터 지금까지

예수님께서 '천국이 침노를 당하는 것은 세례 요한의 때부터 지금까지'라고 말씀하셨습니다. 세례 요한은 예수님께서 구세주의 사역을 이루시도록 그 길을 예비하는 사명을 맡은 사람입니다.

따라서 '세례 요한의 때부터 지금까지'란 예수 그리스도의 시대, 곧 믿음으로 구원받는 신약 시대를 의미하지요.

구약 시대는 율법 시대로 율법의 행위로써 구원을 받았습니다. 반드시 율법을 지켜 행해야 했고 지키지 못하여 범죄했을 때는 속죄의 제사를 드려야 사함을 받았습니다.

반면에 신약 시대는 율법대로 속죄의 제사를 드리지 않아도 주 예수를 믿으면 구원을 받을 수 있습니다. 주님의 보혈의 공로로 죄 사함 받고 성령의 능력으로 인도함 받아 구원에 이르기 때문입니다. 신약 시대를 성령 시대, 은혜의 시대라고 하는 이유가 여기에 있습니다.

그런데 어떤 사람은 이를 오해하여 신약 시대는 은혜의 시대이므로 죄를 지어도 입술로 "믿습니다." 고백하면 구원받는다고 생각합니다. 과연 그럴까요?

요한일서 3장 15절을
큰소리로 읽고
외워볼까요?

신약 시대에는 행위적으로 죄를 짓지 않아도 마음에 악을 품은 자체로도 죄가 성립이 됩니다. 예수님께서는 "여자를 보고 음욕을 품는 자마다 마음에 이미 간음하였느니라" 말씀하셨습니다(마 5:28).

하물며 행위적으로 범죄한다면 그 죄가 얼마나 크겠습니까? 그래서 갈라디아서 5장 19~21절에 '현저히 육체의 일을 하는 자' 곧 음행, 호색, 우상 숭배, 분쟁, 투기, 방탕함 등 행함으로 범죄하는 사람은 하나님 나라를 유업으로 받지 못할 것이라고 분명히 말씀하고 있습니다.

우리가 예수 그리스도를 영접해 하나님의 자녀 된 권세를 얻었다면 날마다 믿음을 성장시켜 행위적인 죄는 물론 마음의 악도 버려야 합니다.

사람이 마음의 악을 버릴 수 있나요? (살전 5:22)

그러면 구약 시대보다 신약 시대에 구원받기가 더 어려운 것일까요? 그렇지는 않습니다. 구약 시대에는 자신의 의지와 노력으로 율법을 지켜야 했다면, 신약 시대에는 자신의 힘이 아니라, 성령의 능력으로 죄를 버릴 수 있고 계명을 지킬 수 있기 때문입니다.

성령의 도우심을 받으면 하나님의 뜻대로 율법을 행하며 의인이 되어 갑니다. 악을 행하던 사람이 선을 행해 나가지요. 행위적으로 죄를 짓지 않을 뿐 아니라, 죄성 자체를 버리고 성결한 사람이 되어 갑니다.

사람은 자신의 힘으로 죄를 버릴 수 없고, 변화될 수도 없습니다. 오직 예수 그리스도의 보혈의 공로로 가능하며, 성령의 도우심을 받아야 합니다. 예를 들어, 주님을 믿기 전에는 술, 담배 끊는 것이 너무 힘들었는데, 주님을 영접한 후에는 성령의 도우심으로 쉽게 끊었다는 간증을 많이 듣습니다.

우리가 주님을 영접하고 죄를 버리고자 노력해 갈 때 성령의 능력이 임해, 행위적인 죄는 물론 마음속 죄성까지 능히 뽑아 버릴 수 있습니다. 이처럼 신약 시대에는 성령의 도우심을 받기에 믿음으로 구원받고 죄를 버리는 것이 결코 어렵지 않습니다.

3. 더 좋은 천국을 침노하려면

우리가 천국을 침노한다는 것은 단순히 지옥에 가지 않고 천국에 들어가는 것만 의미하는 것이 아닙니다. 천국도 여러 단계로 나뉘어 있어서 상대적으로 더 좋은 곳을 사모하여 침노해 들어가는 것을 의미합니다.

천국은 보이지 않는 영의 하늘에 속해 있으며 영의 하늘은 이 육의 하늘과 차원이 다른 영역입니다. 영의 하늘도 다시 여러 하늘로 나뉩니다(느 9:6 ; 왕상 8:27). 고린도후서 12장을 보면 사도 바울이 부득불 주의 환상과 계시를 말한다고 하면서 간증하고 있습니다.

2절에는 사도 바울의 영이 '셋째 하늘'에 이끌려갔다고 말합니다. 셋째 하늘이 있으면 첫째, 둘째 하늘도 있고, 그 이상의 하늘도 존재할 수 있음을 짐작할 수 있습니다. 여러 하늘 중에서 바울이 말하는 셋째 하늘은 바로 천국이 있는 하늘입니다.

사도 바울은
천국 처소 중
어디를 보고 왔을까요?

그리고 4절에는 "그가 낙원으로 이끌려가서 말할 수 없는 말을 들었으니 사람이 가히 이르지 못할 말이로다" 했습니다. 즉 사도 바울은 천국이 있는 셋째 하늘 중에서도 낙원을 보았는데 이를 차마 다 말할 수 없다는 것입니다.

과연 낙원은 어떤 곳일까요? 예수님께서 십자가 처형을 당하실 때 죽음 직전에 주님을 영접한 한 편 강도와 같이 간신히 구원받은 사람이 가는 천국입니다. 하나님 말씀대로 살아간 것도 아니고 하나님 나라에 충성한 일도 없어 상급이 없는 사람이 가는 곳으로 천국 중에서도 가장 낮은 단계의 처소입니다.

사도 요한은
천국의 처소 중에
어떤 곳을 보았나요?
(계 21장)

요한계시록 21장에는 사도 요한이 본 새 예루살렘 성이 나옵니다. 천국에서 가장 영화로운 처소 곧 하나님의 보좌가 있는 곳입니다. 마음의 성결을 온전히 이루고 온 집에 충성한 사람이 들어갈 수 있습니다.

이처럼 천국에는 겨우 구원받은 성도가 들어가는 가장 낮은 단계의 처소 낙원이 있는가 하면, 주님을 닮아 온 영의 마음을 이룬 성도가 들어가는 가장 아름다운 새 예루살렘 성이 있습니다. 이 외에도 여러 처소가 있으며, 자신의 믿음의 분량에 따라 천국 처소가 결정됩니다.

예수 그리스도를 믿음으로 원수 마귀 사단을 물리치고 죄를 피 흘리기까지 싸워 버리며 진리의 마음으로 변화되는 만큼 더 좋은 처소를 소유할 수 있습니다. 이것이 바로 천국을 침노해 빼앗는다는 의미입니다.

마태복음 13장을 보면 '천국은 마치 사람이 자기 밭에 갖다 심은 겨자씨 한 알 같다'고 했습니다. 갓 주님을 영접한 성도들의 믿음은 겨자씨처럼 작지만 그 씨를 자신의 마음 밭에 심고 열심히 가꾸면 비바람에도 끄떡없는 울창한 나무와 같이 큰 믿음으로 성장합니다. 큰 나무에 많은 새가 깃들이듯이 믿음이 큰 사람은 많은 영혼을 품을 수 있습니다.

이처럼 믿음이 큰 사람은 수많은 영혼을 품고 기도하며 영적 성장을 도와줄 수 있기 때문에 더 좋은 천국에 들어갑니다. 이 땅에서 아무리 아름답고 화려하며 행복한 것을 상상한다 해도 천국에서 가장 낮은 처소인 낙원의 삶과도 비교할 수조차 없습니다. 하물며 하나님 보좌가 있는 새 예루살렘 성의 영광과 기쁨을 어찌 말로 다 표현할 수 있겠습니까.

우리가 천국에 대해 알면 알수록 이 땅의 것이 헛되다는 것을 더욱 실감하게 됩니다. 이 땅의 삶이 마쳐지는 순간, 자신의 천국 처소가 결정된다는 사실을 깨달아 세월을 아끼며 부지런히 천국을 침노하여 새 예루살렘 성에 들어가는 복된 성도가 되시기 바랍니다.

Plus

'하늘들'이란? (렘 51:15 ; 시 68:33)

하나님께서 창조하신 하늘은 크게 넷으로 구분할 수 있다.

첫째 하늘은 이 땅에 속한 육의 세계를 말한다.

둘째 하늘은 '공중'(살전 4:17)으로 표현되며, 빛의 영역과 어둠의 영역으로 나뉜다. 인간 경작에 필요한 에덴동산과 주님께서 공중 강림하신 후 혼인 잔치 하는 공간이 빛의 영역이라면, 악한 영들이 거하는 곳이 어둠의 영역이다.

셋째 하늘은 하나님의 자녀가 들어갈 천국이 있는 곳이다. 낙원에서 새 예루살렘 성에 이르기까지 여러 처소가 있다.

넷째 하늘은 삼위일체 하나님의 처소가 있는 곳이다.

Chapter 13

천국의 처소와 면류관

하나님께서 믿음의 분량에 따라 예비하신
아름다운 천국의 여러 처소와 면류관에 대해 살펴본다.

읽을 말씀: 요한계시록 21:1~2

또 내가 새 하늘과 새 땅을 보니 처음 하늘과 처음 땅이 없어졌고 바다도 다시 있지 않더라 …

외울 말씀: 로마서 12:3

내게 주신 은혜로 말미암아 너희 중 각 사람에게 말하노니 마땅히 생각할 그 이상의 생각을 품지 말고 오직 하나님께서 각 사람에게 나눠 주신 믿음의 분량대로 지혜롭게 생각하라

참고 말씀: 고린도전서 9:25

이기기를 다투는 자마다 모든 일에 절제하나니 저희는 썩을 면류관을 얻고자 하되 우리는 썩지 아니할 것을 얻고자 하노라

또 내가 보매 거룩한 성 새 예루살렘이 하나님께로부터 하늘에서 내려오니 그 예비한 것이 신부가 남편을 위하여 단장한 것 같더라 요한계시록 21:2

어떤 사람들은 주님을 믿으면 모두가 똑같은 천국에 들어간다고 막연하게 생각하는데 그렇지 않습니다. 만일 세상과 짝하며 죄를 버리지도 않은 채 살다가 겨우 구원받은 사람과, 성결을 이루며 하나님 나라를 위해 충성한 사람이 장차 천국에 들어가 똑같은 영광과 상급을 받는다면 결코 공평하지 않습니다. 하나님은 행한 대로, 심은 대로 거두게 하시는 공의로우신 분입니다. 그러므로 각 사람이 일군 믿음의 분량에 따라 천국의 처소가 다르고 상급과 면류관도 차이 납니다.

1. 부끄러운 구원을 받은 사람들이 들어가는 낙원

천국에서 가장 낮은 처소인 낙원은 부끄러운 구원을 받은 사람 곧 믿음의 1단계 사람이 들어가는 곳입니다. 낙원에 들어가는 사람은 주님을 영접하기만 했을 뿐, 죄를 버리거나 하나님 말씀대로 살지도 않았고 주를 위해 행한 것도 없습니다.

이 땅에서 신앙생활 하면서 주 안에서 믿음으로 행한 것, 하나님의 나라를 위해 충성하고 심은 것이 천국에서 상급으로 주어집니다. 하지만 낙원에 들어온 사람들은 하나님의 은혜로 겨우 구원에 이르렀기 때문에 상급이나 면류관, 집이 주어지지 않습니다.

낙원에 들어가면 상급이나 면류관, 개인 집이 주어지지 않는 이유는 무엇인가요?

그렇다 해도 낙원의 삶은 이 땅과 비교할 수 없을 정도로 행복하고 자연환경도 아름답습니다. 낙원에 집이 없다고 해서 마냥 잔디밭에 사는 것은 아닙니다. 여러 사람이 공동으로 사용하는 장소에서 휴식을 취하며 생활하기도 하지요. 천국에는 악이 없기에 공동생활을 해도 불편하게 여기지 않습니다. 서로 섬기고 배려하며 행복하게 살아갑니다.

2. '썩지 아니할 면류관'이 주어지는 1천층

믿음의 2단계에 속한 사람들은 하나님 말씀을 행하려고 노력하지만 때로는 지키기도 하고 그렇지 못할 때도 있습니다. 이렇게 믿음의 경주를 하여 1천층에 들어간 성도들에게는 낙원과는 달리 개인 집과 썩지 아니할 면류관이 주어집니다.

고린도전서 9장 25절에 "이기기를 다투는 자마다 모든 일에 절제하나니 저희는 썩을 면류관을 얻고자 하되 우리는 썩지 아니할 것을 얻고자 하노라" 했습니다. 믿음의 2단계에서는 비록 비진리가 많이 있지만 하나님 말씀을 행하려고 노력합니다. 이 점을 영원한 것을 바라보고 믿음의 경주에 참여한 것으로 인정하여 썩지 아니할 면류관을 영원한 상급으로 주시지요.

> 하나님께서는
> 믿음의 2단계 성도에게
> 어떤 천국 집과
> 면류관을 주시나요?

1천층의 집은 궁전같이 크고 화려한 건물은 아닙니다. 이 땅의 다세대 주택이나 아파트 형태의 집이라 할 수 있지요. 집 안으로 들어가면 생활하는 데 필요한 모든 것이 잘 갖춰져 있습니다.

이러한 집 외에는 1천층에서 개인적으로 소유할 수 있는 시설이 없습니다. 개인적으로 수종 드는 천사도 없습니다. 다만 정원, 골프장, 수영장 등 1천층에 들어온 하나님의 자녀들이 공동으로 사용하는 부대시설을 관리하며 시설을 이용할 때 도와주는 천사들만 있습니다.

3. '영광의 면류관'이 주어지는 2천층

믿음의 3단계에 속한 사람이 들어가는 천국의 처소는 2천층입니다. 이 사람들에게는 독립된 주택이 주어지는데, 단층이지만 이 땅의 어떤 호화로운 저택이나 별장과도 비할 수 없을 만큼 웅장하고 아름다

우며 향기로운 꽃과 나무들로 단장되어 있습니다. 2천층에 들어온 사람들은 아름다운 호수든, 수영장이든, 산책길이든, 무도회장이든 가장 원하는 부대시설을 한 가지만 가질 수 있습니다.

하나님께서는 믿음의 3단계 성도에게 어떤 천국 집을 주시나요?

2천층의 집에는 문패가 달려 있는데 천국의 글씨로 주인의 이름과 이 땅에서 섬기던 교회의 이름이 새겨져 있습니다.

2천층에 들어간 영혼들에게는 영광의 면류관이 주어집니다(벧전 5:4). 이들은 마음에 온전한 할례를 이루지는 못했지만 하나님 말씀대로 행하여 사명을 감당하고 하나님께 영광 돌렸기 때문입니다. 이들은 자신이 행한 것과는 비교할 수 없는 큰 상급을 주심에 감사하는 한편 온전히 성결되지 못한 것을 민망해합니다.

4. '생명의 면류관'이 주어지는 3천층

믿음의 4단계에 이르면 하나님께서는 영의 사람이라고 인정해 주십니다. 이때부터는 지극히 하나님을 사랑하는 참 자녀라 할 수 있습니다. 낙원이나 1천층, 2천층에 들어가는 사람에게는 개인적으로 수종 드는 천사가 주어지지 않습니다. 그러나 3천층 이상의 천국에 들어가면 각 사람에게 천사가 주어져 수종 드는 것을 볼 수 있는데, 더 성결을 이루고 행함과 순종으로 하나님을 기쁘시게 한 사람에게는 수종 드는 천사가 많습니다.

3천층에서는 교통수단으로 구름 자가용을 이용하게 됩니다. 새 예루살렘 성에 들어간 사람은 개인적으로 소유할 수 있지만 3천층에 들어간 사람은 공용만 있습니다. 그렇다면 3천층의 집은 어떤 구조로 되어 있을까요?

2천층의 건물은 단층이며 가장 원하는 부대시설을 하나만 가질 수 있다 했습니다. 반면 3천층부터는 집이 복층으로 되어 있으며 산책길, 호수, 골프장, 수영장 등 자신이 원하는 모든 부대시설을 소유할 수 있습니다.

3천층에 들어간 영혼들에게 주어지는 면류관은 무엇일까요?

그러면 3천층에 들어가면 어떤 면류관이 주어질까요? 야고보서 1장 12절에 "시험을 참는 자는 복이 있도다 이것에 옳다 인정하심을 받은 후에 주께서 자기를 사랑하는 자들에게 약속하신 생명의 면류관을 얻을 것임이니라" 말씀한 대로 생명의 면류관이 주어집니다.

이들은 순교의 믿음을 가지고 하나님 나라를 위해 충성했을 뿐 아니라, 비진리와 타협하지 않고 죄를 피 흘리기까지 싸워 버렸지요. 이렇게 성결을 이루고 생명을 다해 죽도록 충성하였기에 3천층에 들어가며, 그에 대한 상급으로 생명의 면류관이 주어지는 것입니다.

5. '금 면류관', '의의 면류관'이 주어지는 새 예루살렘 성

새 예루살렘 성은 하나님의 영광이 가득한 천국 처소로서 중앙에는 하나님 보좌가 있습니다. 하나님께서 기뻐하시는 자녀들을 위해 예비하신 사랑의 결정체이며, 열두 진주문을 통해 믿음의 5단계에 속한 하나님의 자녀가 들어가게 됩니다.

요한계시록 21장을 보면 새 예루살렘 성의 규모를 알 수 있습니다. 가로, 세로, 높이가 동일하게 일만 이천 스다디온(약 2,400km)인 정육면체 모양입니다. 크고 높은 성곽은 맑고 투명한 푸른빛이 감도는 벽옥으로 쌓였고, 성은 맑은 유리 같은 정금으로 되어 있습니다.

새 예루살렘 성의
열두 문과
열두 기초석에는
누구의 이름이 있나요?
(계 21:12~14)

새 예루살렘 성에 마련된 집은 복층이며 정금과 보석으로 화려하게 지어져 있고, 정원, 동물원, 골프장, 무도회장 등 원하는 시설은 무엇이나 갖추어져 있습니다.

새 예루살렘 성에 들어가면 의의 면류관(딤후 4:8)과 금 면류관(계 4:4)이 주어지며, 이 외에도 화관, 진주관, 크리스털관, 온갖 보석이 화려하게 장식된 면류관들이 있어 각종 연회에 맞춰 사용합니다.

새 예루살렘 성에 들어간 사람은 어디서 무엇을 하든지 천사가 그림자처럼 수종을 듭니다. 새 예루살렘 성에서는 배우고 보고 듣고 즐기며 사랑을 주고받는 일이 끝이 없습니다. 영원한 삶의 매 순간마다 새롭고 행복한 일들로 가득합니다. 항상 연회가 열리는데 때로는 하나님께서 주관하시기도 하고 주님과 성령님이 주관하시기도 합니다.

하나님께서 베푸시는 연회가 열리면 각자 최고로 아름답게 단장하고 최상의 것을 먹고 마시며 아름다운 찬양과 춤을 즐기는데 그 행복과 기쁨, 감사와 영화로움은 가히 표현할 길이 없습니다.

새 예루살렘 성에 들어갈 수 있는 자격을 갖추려면 죄악을 온전히 버리고 성결을 이루며 온 집에 충성해야 합니다. 마음에 선과 사랑, 진리를 가득 채우고 주어진 모든 사명을 잘 감당함으로 새 예루살렘 성의 주인공이 되시기 바랍니다.

Plus

특별한 의미가 있는 '옷의 문양'

천국에서는 옷의 문양만 보아도 이 땅에서 행한 것을 알 수 있다. 범사에 감사하며 항상 기뻐하였다면 감사의 문양과 기쁨의 문양이 새겨지고, 하나님의 은혜와 사랑에 감사하며 중심의 찬양을 올린 사람의 옷에는 찬양의 문양이 새겨진다.

하나님의 나라와 의를 위해 생명 다해 기도한 사람의 옷에는 기도의 문양이, 하나님의 나라를 위해 크게 영광 돌린 사람에게는 영광의 문양이 새겨진다. 영광의 문양이 새겨진 옷을 입으면 천국에서 가장 존귀한 자라 할 수 있다.

Chapter 14

달란트 비유

자신에게 주어진 사명의 귀중성을 깨닫고
하나님의 사랑과 칭찬을 받는 사명자가 되게 한다.

읽을 말씀: 마태복음 25:14~30

또 어떤 사람이 타국에 갈 제 그 종들을 불러 자기 소유를 맡김과 같으니 각각 그 재능대로 하나에게는 금 다섯 달란트를, 하나에게는 두 달란트를, 하나에게는 한 달란트를 주고 떠났더니 …

외울 말씀: 마태복음 25:21

그 주인이 이르되 잘하였도다 착하고 충성된 종아 네가 작은 일에 충성하였으매 내가 많은 것으로 네게 맡기리니 네 주인의 즐거움에 참예할지어다 하고

참고 말씀: 마태복음 25:26

그 주인이 대답하여 가로되 악하고 게으른 종아 나는 심지 않은 데서 거두고 헤치지 않은 데서 모으는 줄로 네가 알았느냐

그 주인이 이르되 잘하였도다 착하고 충성된 종아 네가 작은 일에 충성하였으매 내가 많은 것으로 네게 맡기리니 네 주인의 즐거움에 참예할지어다 하고 마태복음 25:21

하나님을 사랑하는 사람은 크든 작든 자신에게 주어진 사명을 소홀히 여기지 않습니다. 하나님 나라를 위해 할 수 있는 일이라면 어떤 사명이라 할지라도 소중히 여깁니다. 지옥에 가지 않도록 구원해 주신 것도 감사한 일인데, 귀한 사명을 주셔서 천국에서 영광스런 상급까지 얻게 하시니 마음 다해 충성하는 것입니다.

1. 어떤 사람이 타국에 갈 때 자기 소유를 맡김과 같으니

예수님께서는 성도들이 어떻게 사명을 감당해야 하는지 비유로 말씀하셨습니다. 마태복음 25장 14~15절에 "또 어떤 사람이 타국에 갈 제 그 종들을 불러 자기 소유를 맡김과 같으니 각각 그 재능대로 하나에게는 금 다섯 달란트를, 하나에게는 두 달란트를, 하나에게는 한 달란트를 주고 떠났더니" 했습니다.

어떤 사람이 타국에 가게 되자 종들을 불러 하나에게는 금 다섯 달란트를, 하나에게는 금 두 달란트를, 하나에게는 금 한 달란트를 맡기고 떠났습니다.

마태복음 25장 16절 이하를 보면 다섯 달란트와 두 달란트 받은 종은 바로 가서 그것으로 장사하여 각각 다섯 달란트와 두 달란트를 남겼지만 한 달란트 받은 종은 장사는커녕 땅에 묻어 두었습니다. 오랜 후에 주인이 돌아와 다섯 달란트와 두 달란트를 남긴 종들에게 "잘 하였도다 착하고 충성된 종아 네가 작은 일에 충성하였으매 내가 많은 것으로 네게 맡기리니 네 주인의 즐거움에 참예할지어다" 칭찬했지요.

그러나 한 달란트를 땅에 감추어 두었던 종에게는 "악하고 게으른 종"이라 책망하며 "그에게서 그 한 달란트를 빼앗아 열 달란트 가진 자에게 주어라 무릇 있는 자는 받아 풍족하게 되고 없는 자는 그 있는 것까지 빼앗기리라 이 무익한 종을 바깥 어두운 데로 내어쫓으라 거기서 슬피 울며 이를 갊이 있으리라" 했습니다.

달란트 비유는 영적으로 무엇을 의미할까요?

여기서 '어떤 사람', 곧 '종들의 주인'이란 예수 그리스도를 의미하고, '타국'은 이 세상이 아닌 천국을 뜻합니다. 주님께서 부활, 승천하셔서 하나님 보좌 우편에 앉아 계심을 어떤 사람이 타국에 갔다고 비유한 것입니다.

또 '자기 소유'라 함은 예수 그리스도로 말미암아 지은 바 된 천하 만물과 인생들을 말합니다(요 1:10 ; 히 1:2).

요한복음
1장 10절을 찾아
큰소리로 읽어볼까요?

성경을 보면 창조주 하나님이 지으신 천하 만물과 인생들이 첫 사람 아담의 불순종으로 인해 원수 마귀 사단의 소유가 되고 말았습니다(눅 4:6). 그런데 하나님 섭리 가운데 예수 그리스도로 인해 구원의 길이 열리게 되었습니다.

아무 죄 없이 십자가에 못 박혀 죽으심으로 모든 사람의 죄를 대속하시고 부활, 승천하셨으므로 누구든지 예수 그리스도를 믿음으로 구원받아 영생을 얻고 천국을 기업으로 상속받을 수 있게 된 것입니다.

그러므로 예수 그리스도를 영접하여 물과 성령으로 거듭난 성도들은 아직 원수 마귀 사단의 소유로 있는 인생들에게 복음을 전함으로 그들을 되찾아야 합니다. 주님의 소유로 되찾는 것 바로 영혼을 구원하는 것이 믿는 사람이 해야 할 본분이요, 사명이라 할 수 있습니다.

2. 각각 그 재능대로 달란트를 주고 떠났더니

그러면 주님께서 천국에 가실 때 '자기 소유를 맡기되 각각 그 재능대로 달란트를 주고 떠났다'는 것은 무슨 뜻일까요?

재능에는 육적인 재능과 영적인 재능이 있습니다. 찬양이나 무용 등 특별히 어떤 분야를 잘할 수 있는 재주와 능력, 기술, 지혜, 학식

등이 육적인 재능입니다. 하지만 영혼을 구원하는 데 있어서 반드시 필요한 것은 영적인 재능입니다. 따라서 달란트 비유에 나오는 재능은 영적인 재능으로서 믿음과 소망, 사랑을 의미합니다.

영혼 구원에 필요한 영적인 재능이란 무엇인가요?

그러면 왜 믿음, 소망, 사랑이 영혼 구원에 필요한 재능이 되는 것일까요?

첫째로, 각자 믿음의 분량(롬 12:3)에 따라 영혼 구원에 대한 뜨거움과 전도의 양이 다르기 때문입니다. 믿음이 큰 사람은 확신을 가지고 담대히 전할 수 있어 믿음대로 전도가 이루어지고 영혼이 구원되지만, 믿음이 적은 사람은 담대히 전하지 못하니 그만큼 많은 영혼을 구원할 수 없습니다.

둘째로, 천국에 대한 소망에 따라 하나님의 일을 하고자 하는 마음이 달라지기 때문입니다. 소망이 큰 사람은 열심히 하나님의 일을 하여 영혼 구원에 앞장서지만 그렇지 못한 사람은 세상에서 즐거움과 기쁨을 찾고자 하는 것을 볼 수 있습니다.

셋째로, 하나님을 사랑하는 마음이 있어야 영혼을 구원하며 하나님께서 맡기신 사명을 감당할 수 있기 때문입니다. 영적인 사랑이 있으면 어떠한 핍박과 어려움이 와도 기쁨과 감사함으로 사명을 감당할 수 있습니다. 전도뿐 아니라 봉사, 찬양 등 주 안에서 하는 모든 일들이 영혼 구원과 직결되므로 충성되이 감당하시기 바랍니다.

3. 잘하였도다 착하고 충성된 종아

주님께서는 영혼 구원을 위해 믿음, 소망, 사랑이라는 영적인 재능에 따라 달란트를 나누어 주셨습니다. 영혼을 구원하는 데 필요한 믿음과 소망과 사랑이 얼마큼 있느냐에 따라 달란트가 주어진다는 것이지요. 그래서 재능이 많은 사람에게는 다섯 달란트를, 약간 적은 사람에게는 두 달란트를, 아주 적은 사람에게는 한 달란트를 주었습니다.

마태복음 25장 20절 이하를 보면 다섯 달란트를 받았던 사람은 다섯 달란트를 더 가지고 와서 "주여 내게 다섯 달란트를 주셨는데 보소서 내가 또 다섯 달란트를 남겼나이다" 하고 자신 있게 말합니다. 이처럼 영혼을 구원하며 많은 달란트를 남긴 사람은 떳떳이 고백할 수 있습니다.

그러자 주님께서는 그에게 "잘하였도다 착하고 충성된 종아 네가 작은 일에 충성하였으매 내가 많은 것으로 네게 맡기리니 네 주인의 즐거움에 참예할지어다"라고 칭찬하셨습니다.

착하고 충성된 종은 어떤 축복을 받았나요?

여기서 '주님의 즐거움에 참예한다'는 것은 교회 안에서의 즐거움에 참예함을 의미합니다. 사명을 충성되이 감당하고 영혼들을 위해 자신을 희생하며 하나님께 영광 돌린 사람은 교회에서 그 공로를 인정받는 즐거움에 참예합니다. 뿐만 아니라 하늘나라에서도 영원한 상급과 면류관으로 상이 주어지며 천국 잔치에 참예하는 즐거움을 누리게 됩니다.

두 달란트 받은 사람도 열심히 장사하여 두 달란트를 더 남겼습니다. 자기의 재능 안에서 충성하였으니 하나님께서 기뻐하시고 다섯 달란트 남긴 사람과 동등하게 칭찬해 주셨습니다. 그 역시 주인의 즐거움에 참예하도록 허락하셨지요. 이처럼 사명이 크든 작든 최선을 다해 감당했을 때 하나님께서 기뻐하시며 사랑을 베푸십니다.

4. 악하고 게으른 종아

마태복음 25장 24절 이하에는 한 달란트를 받아 땅에 감추어 두었던 종이 나오는데 "악하고 게으른 종"이라 책망을 받았습니다.

그는 주인을 '굳은 사람'이라며 심지 않은 데서 거두고 헤치지 않는 데서 모으는 줄 알았기 때문에 땅에 감추어 두었다고 고백합니다. 그 마음이 완악하기 때문에 공의로우신 주님을 굳은 사람이라 자기의 생각에 맞춰 오해했지요. 또한 심고 거두는 하나님의 법칙을 좇아 열심히 수고하여 많은 열매를 맺어야 하는데 땅속에 그대로 감추어 두었습니다. 곧 말씀을 지식으로만 알고 행하지 않았으니 열

악하고
게으른 종은
어떻게 되었나요?

매를 낼 수 없었던 것입니다. 차라리 은행에라도 맡기면 이자라도 받았을 것인데 변리도 취하지 못하게 했으니 그만큼 주인의 소유에 손해를 입힌 결과를 가져왔습니다.

그러자 주님께서는 그에게서 한 달란트를 빼앗아 열 달란트 가진 자에게 주라고 하십니다. 열 달란트 가진 자는 사명이 많아 벅찰 것 같지만 그만큼 믿음, 소망, 사랑이 넘치기에 그 이상의 것도 넉넉히 감당할 수 있기 때문입니다. 그러나 게으른 종에게는 "이 무익한 종을 바깥 어두운 데로 내어쫓으라 거기서 슬피 울며 이를 갊이 있으리라" 하셨습니다. 이는 자기의 사명을 감당치 않고 오히려 손해를 끼치는 사람은 하나님의 나라에 들어갈 수 없음을 말씀하신 것입니다.

우리는 달란트 비유를 통해 영적인 재능의 중요성을 깨닫고 믿음, 소망, 사랑으로 자신의 사명을 잘 감당함으로 많은 영혼을 구원하는 착하고 충성된 종이 되어야 하겠습니다.

Plus

달란트 vs 데나리온

최대의 무게와 화폐 단위를 나타내는 달란트는 성경에서 재능을 나타내는 단위로도 사용되었다.
'1달란트'는 6천 데나리온으로 6천 일, 약 16년간 품삯에 해당된다.
'1데나리온'은 로마의 은화로, 군인이나 품꾼의 하루 품삯의 금액이었고, 헬라의 은화 1드라크마의 가치를 지녔다.

Chapter 15

열 므나 비유

성령을 선물로 받은 하나님의 자녀가
영적인 장사를 잘하여 더 좋은 천국에 들어가게 한다.

읽을 말씀: 누가복음 19:11~27

… 가라사대 어떤 귀인이 왕위를 받아 가지고 오려고 먼 나라로 갈 때에 그 종 열을 불러 은 열 므나를 주며 이르되 내가 돌아오기까지 장사하라 하니라 …

외울 말씀: 요한복음 15:26

내가 아버지께로서 너희에게 보낼 보혜사 곧 아버지께로서 나오시는 진리의 성령이 오실 때에 그가 나를 증거하실 것이요

참고 말씀: 마태복음 13:44

천국은 마치 밭에 감추인 보화와 같으니 사람이 이를 발견한 후 숨겨 두고 기뻐하여 돌아가서 자기의 소유를 다 팔아 그 밭을 샀느니라

주인이 이르되 잘하였다 착한 종이여 네가 지극히 작은 것에 충성하였으니 열 고을 권세를 차지하라 하고 누가복음 19:17

흔히 열 므나 비유와 달란트 비유를 동일하게 여기는데, 이 둘의 영적인 의미는 다릅니다. 달란트 비유는 영적인 재능을 가지고 얼마나 사명을 잘 감당했느냐에 따라 장차 주님께 인정받는 정도가 달라진다는 내용입니다. 그러면 열 므나 비유에는 어떤 영적인 의미가 담겨 있을까요?

1. 어떤 귀인이 왕위를 받아 오려고 먼 나라로 갈 때에

누가복음 19장 12~13절에 "어떤 귀인이 왕위를 받아 가지고 오려고 먼 나라로 갈 때에 그 종 열을 불러 은 열 므나를 주며 이르되 내가 돌아오기까지 장사하라 하니라" 했습니다.

여기서 '귀인'은 '예수 그리스도'를 의미하고 '므나'는 '성령'을 의미합니다(행 2:38). 열 사람이 한 므나씩 동일하게 받은 것처럼, 주님을 영접한 사람들은 동일하게 한 성령을 받습니다. '달란트 비유'는 사명에 관한 것입니다. 그래서 각기 재능에 따라 다르게 달란트를 나누어 주셨지요. 그러나 므나는 성령을 의미하므로 모든 사람이 한 므나씩 공평하게 받은 것입니다.

열 므나 비유와 달란트 비유의 차이점은 무엇인가요?

이렇게 한 므나씩 나눠 준 귀인은 왕위를 받아 가지고 오려고 먼 나라로 갔습니다. 여기서 '먼 나라'란 하나님 계신 천국을 말합니다. 그런데 주님께서는 천국에 가시기 전에 성령을 주신 것이 아니라, 부활 승천하신 후에 성령을 보내 주셨습니다. 므나 비유에서는 천국에 가기 전에 므나를 나눠 줬으므로 실제와 다른 것처럼 보이는데, 여기에는 깊은 영적인 의미가 담겨 있습니다.

마태복음 16장 28절에 "여기 섰는 사람 중에 죽기 전에 인자가 그 왕권을 가지고 오는 것을 볼 자들도 있느니라" 말씀하셨습니다. 이는 주님께서 사망 권세를 깨뜨리고 부활하심으로 왕권을 얻어 부활체로 나타나실 것을 볼 제자들도 있다는 말씀이지요.

무덤에 장사한 지 사흘 만에 부활하신 주님은 막달라 마리아에게 먼저 보이고 부활을 알리신 후 하나님이 계신 천국에 가셨다가 그날 저녁 다시 제자들이 모인 곳에 나타나셨습니다. 이처럼 주님은 이미 하나님께 가서 왕위를 받으셨는데, 왜 귀인이 왕위를 받으러 가기 전에 한 므나씩 나눠 주었다고 하신 것일까요?

여기서 왕위는 예수님 자신을 위한 왕위가 아니라 구원받은 성도들을 위한 왕위를 가리킵니다. 주님은 부활하심으로 왕위를 이미 얻으셨지만 성도들은 왕위가 회복되지 않았지요. 원수 마귀 사단이 주관하는 이 세상에서 경작을 받으며 하나님 형상을 회복해 가는 과정이 있기 때문입니다. 장차 주님께서 공중에 강림하시고 성도들이 주님을 영접하기 위해 홀연히 변화될 때 구원받은 성도들의 왕위가 회복됩니다.

2. 내가 돌아오기까지 장사하라

귀인이 먼 나라로 갈 때에 종들에게 각각 한 므나씩 나눠 주며 "내가 돌아오기까지 장사하라"고 부탁합니다. 주님께서 신랑으로 오시고 하나님의 자녀들은 신부 된 자격으로 주님을 맞이할 때가 주님의 공중 강림의 때요, 귀인이 왕위를 받아가지고 돌아와서 장사한 것을 알아보는 때입니다. 그러면 성령을 누구에게나 똑같이 나눠 주고 장사하라고 하였는데 어떻게 장사하라는 것일까요?

여러분은
성령의 열매를
얼마나 맺고 있나요?
(갈 5:22~23)

달란트 비유는 각각 그 재능에 따라 사명을 감당하고 많은 영혼을 구원하는 것을 장사로 표현했지만, 열 므나 비유에서 말하는 장사는 구원에 관한 것입니다. 즉 누구나 똑같이 받은 성령으로 장사하여 성령의 열매를 맺으며 온전한 구원에 이르는 것을 의미합니다.

마태복음 13장 44절에 "천국은 마치 밭에 감추인 보화와 같으니 사람이 이를 발견한 후 숨겨 두고 기뻐하여 돌아가서 자기의 소유를 다 팔아 그 밭을 샀느니라"는 말씀과 같은 의미입니다.

천국은 밭에 감추인 보화와 같으니 그것이 진정 아름답고 좋은 것임을 안다면 사지 않으려는 사람이 어디 있을까요? 자기의 소유를 다 팔아서라도 영원한 천국을 사야 할 것입니다.

그러면 자기 소유를 다 팔아 천국을 샀다는 것은 무슨 뜻일까요?

내 안에 있는 비진리에 속한 육신의 생각이나 진리에 합당치 못한 이론들, 육체의 소욕 등 진리에 어긋난 것들을 버리고 깨뜨림으로 그리스도께 복종하여 진리의 사람이 되어가는 것입니다.

한 므나로
열 므나를 남겼다는 것은
무슨 의미인가요?

이렇게 자기 소유를 팔아야 천국을 소유하게 되며, 천국은 이처럼 침노하는 사람이 빼앗는 것입니다(마 11:12). 따라서 누가복음 19장 16절에 나오는 종이 한 므나로 열 므나를 만들었다는 것은 성령의 도우심을 힘입어 열심히 죄를 싸워 버리는 장사, 곧 성결되기 위한 장사를 하되 온전하게 장사하여 마음의 성결을 이루었다는 것입니다.

3. 한 므나로 장사한 것을 회계하시는 주님

누가복음 19장 15절 이하에 보면 귀인이 왕위를 받아 가지고 돌아와서 종들이 각각 어떻게 장사한 것을 알고자 하여 저희를 불렀습니다. 한 종이 한 므나로 열 므나를 남겼다고 하자, "잘하였다 착한 종이여 네가 지극히 작은 것에 충성하였으니 열 고을 권세를 차지하라" 하며 칭찬하셨습니다. 이것이 곧 성결된 사람이 받는 칭찬과 상이지요.

이어 한 므나로 다섯 므나를 남긴 종에게는 "너도 다섯 고을을 차지하라"고 하셨는데 "잘하였다 착한 종이여"라는 칭찬의 말씀은 하지 않으셨습니다. 열심히 장사는 하였지만, 열 므나를 남긴 종에 비하면 반 정도밖에 노력하지 않은 것이니 그의 행한 대로 갚아 주시는 것을 볼 수 있습니다.

한 므나로
다섯 므나를 남겼는데도
칭찬하지 않은 이유는
무엇일까요?

반면 한 므나를 장사하지 않고 수건에 싸 두었다가 그대로 내놓은 종에게는 책망하셨습니다. "악한 종아 내가 네 말로 너를 판단하노니 너는 내가 두지 않은 것을 취하고 심지 않은 것을 거두는 엄한 사람인 줄을 알았느냐 그러면 어찌하여 내 은을 은행에 두지 아니하였느냐 그리하였으면 내가 와서 그 변리까지 찾았으리라" 하셨습니다.

악한 종은 이미 성령을 받고서도 죄를 버리려고 노력하기는커녕 세상 사람과 똑같이 죄악 중에 살며, 오히려 주인을 가리켜 "두지 않은 것을 취하고 심지 않은 것을 거두는 엄한 사람"이라 불평만 합니다.

하나님께서는 죄인을 구원하시기 위해 독생자까지 아끼지 않고 십자가에 내어주신 사랑의 하나님이요, 심은 대로 거두게 하시고 행한 대로 갚아 주시는 공의로운 하나님이신데 무서운 하나님, 엄한 하나님으로 오해하고 있으니 얼마나 악한 마음입니까.

사랑의 하나님께서는 우리를 자녀 삼아 주셔서 천국에서 영생복락을 누리도록 친히 인도하시는데 이러한 사랑을 깨닫지 못하고 오히려 불평만 한다면 어떻게 죄를 버리고 성결을 이루며 좋은 천국에 들어갈 수 있겠습니까? 한 므나를 그대로 수건에 싸 두었던 종은 결국 악한 종이라는 책망을 받고 한 므나마저 빼앗기고 맙니다. 이는 죄를 버리려고 노력하지도 않고 계속 죄 가운데 살다가 하나님을 떠나 성령이 소멸되면 구원에 이르지 못한다는 의미입니다(계 3:1~6).

4. 무릇 있는 자는 받겠고 없는 자는 그 있는 것도 빼앗기리라

"무릇 있는 자는 받겠고 없는 자는 그 있는 것도 빼앗기리라"는 말씀의 의미는 무엇일까요?

하나님을 사랑하여 열심히 말씀대로 살며 죄를 버리는 사람들은 성령이 충만하니 진리 안에서 기쁨과 감사가 넘치지요. 그러나 악한 사람들은 자신의 죄를 알면서도 회개하기는커녕 오히려 시험거리를 만들고 악을 행하다가 결국은 구원에 이르지도 못하게 됩니다.

예수님께서 왕 됨을 원치 않았던 사람들은 예수님을 죽이려 모의하다가 결국 십자가에 못 박았습니다(마 27:23 ; 요 11:53). 오늘날에도 교회 안에서 시험거리를 만들고 성령을 훼방, 모독, 거역하며 주님을 십자가에 현저히 못 박는 사람들이 있습니다.

그래서 누가복음 19장 24절 이하에 "그 한 므나를 빼앗아 열 므나 있는 자에게 주라 … 무릇 있는 자는 받겠고 없는 자는 그 있는 것도 빼앗기리라 그리고 나의 왕 됨을 원치 아니하던 저 원수들을 이리로 끌어다가 내 앞에서 죽이라" 말씀하신 것입니다.

여기서 죽인다는 것은 영이 죽는다는 것을 의미합니다. 아담이 불순종했을 때 영이 죽었던 것처럼 성령으로 영의 사람이 되기 위한 장사를 하지 않으면 받았던 성령까지 빼앗겨 구원에 이르지 못한다는 것입니다.

예수 그리스도를 영접하여 성령을 받았다면 한 므나를 받은 것입니다. 이에 열 므나를 남기면 착한 종이라는 칭찬을 받고 열 고을 다스릴 권세를 차지하게 되니 열심히 장사함으로 성결을 이뤄 천국에서 해와 같이 빛나는 자리에 들어가시기 바랍니다.

Plus

므나 vs 달란트

영적으로 성령을 의미하는 '므나'는 금은, 보석 같은 귀금속의 중량을 재는 단위로 사용되었으며 달란트의 60분의 1에 해당한다. 유대의 1므나는 헬라의 100드라크마(눅 15:8)에 해당되며, 1드라크마는 노동자의 하루 품삯이다.

Chapter 16

행한 대로 갚아 주리라

구원의 확신과 물질의 축복, 천국의 상급을 받기 위한
구체적인 방법이 무엇인지 알려 준다.

읽을 말씀: 요한계시록 22:12
보라 내가 속히 오리니 내가 줄 상이 내게 있어 각 사람에게
그의 일한 대로 갚아 주리라

외울 말씀: 요한계시록 22:12
보라 내가 속히 오리니 내가 줄 상이 내게 있어 각 사람에게
그의 일한 대로 갚아 주리라

참고 말씀: 말라기 3:10
온전한 십일조를 창고에 들여 나의 집에 양식이 있게 하고
그것으로 나를 시험하여 내가 하늘 문을 열고
너희에게 복을 쌓을 곳이 없도록 붓지 아니하나 보라

영혼 없는 몸이 죽은 것같이 행함이 없는 믿음은 죽은 것이니라 야고보서 2:26

오늘날 '주여, 주여' 하면서도 구원의 확신 없이 교회에 다니는 사람이 있는가 하면, 죄를 지으면서도 교회에 다니기만 하면 구원받는 줄로 착각하는 사람도 있습니다. 하나님은 공의 가운데 행한 대로 갚아 주시는 분입니다. 누구든지 믿음으로 구원의 테두리 안에 들어와야 하나님의 자녀 된 권세를 얻고 구원의 확신을 가질 수 있습니다. 물질의 축복과 천국의 상급도 마찬가지입니다. 그렇다면 우리가 구원을 받음은 물론 물질의 축복과 하늘나라 상급을 받기 위해 쌓아야 할 공의는 무엇일까요?

1. 구원의 확신을 가지려면

1) 마음에 믿어지는 믿음이 있어야 합니다

로마서 10장 9~10절에 "네가 만일 네 입으로 예수를 주로 시인하며 또 하나님께서 그를 죽은 자 가운데서 살리신 것을 네 마음에 믿으면 구원을 얻으리니 사람이 마음으로 믿어 의에 이르고 입으로 시인하여 구원에 이르느니라" 말씀했습니다.

구원의 확신을 가지려면 어떻게 해야 할까요?

우리가 구원의 확신을 가지려면 먼저, 예수님께서 온 인류의 죄를 대속하시기 위해 육신을 입고 이 땅에 오신 하나님의 아들이심을 시인해야 합니다. 그리고 십자가에 못 박혀 죽으셨다가 사망 권세를 이기고 삼 일 만에 다시 살아나신 사실을 마음에 믿어야 합니다. 주님의 부활이 마음에 믿어져야 재림도, 천국도 믿어지고 구원의 확신이 임하는 것입니다.

마음에 믿어지는 믿음은 하나님의 말씀을 안다고 가질 수 있는 것이 아닙니다. 하나님 뜻대로 행할 때라야 하나님께서 위로부터 믿어지는 믿음을 주시며, 이 믿음이 있어야 온전한 구원에 이를 수 있습니다.

2) 행함 있는 믿음이 있어야 합니다

믿음은 행함으로 온전케 되며 행함이 없는 믿음은 죽은 믿음에 불과합니다(약 2:26). 마음에 믿어지는 믿음이 있으면 입술로 시인하게 되고, 말씀을 듣고 깨우친 만큼 말씀대로 살아가는 행함이 따릅니다. 행함 있는 믿음을 내보인 만큼 하나님께서는 구원의 확신을 주시고 성령을 체험케 해 주십니다.

우리가 예수 그리스도를 믿고 마음의 할례를 하며 말씀대로 지켜 행할 때 구원에 이릅니다. 그저 형식적으로 예배에 참석하고 열심 낸다 해서 구원받을 수 있는 것이 아니지요. 구원받을 수 없는 사람이 착각 속에 구원의 확신을 갖는다고 해서 구원받을 수 있는 것도 아닙니다. 또 아무리 주님을 영접하여 성령을 받았다 할지라도 말씀대로 살지 않고 짐짓 죄를 지어 나간다면 성령이 소멸되며 결국 하나님과 상관이 없어집니다.

그래서 히브리서 10장 26~27절에 "우리가 진리를 아는 지식을 받은 후 짐짓 죄를 범한즉 다시 속죄하는 제사가 없고 오직 무서운 마음으로 심판을 기다리는 것과 대적하는 자를 소멸할 맹렬한 불만 있으리라" 말씀합니다. 히브리서 6장 4~6절에도 "한 번 비췸을 얻고 하늘의 은사를 맛보고 성령에 참예한 바 되고 하나님의 선한 말씀과 내세의 능력을 맛보고 타락한 자들은 다시 새롭게 하여 회개케 할 수 없나니 이는 자기가 하나님의 아들을 다시 십자가에 못 박아 현저히 욕을 보임이라" 했습니다.

요한일서
5장 16~17절을
다 함께 읽어볼까요?

그러므로 행함 있는 믿음으로 죄를 피 흘리기까지 싸워 버리며 의를 이루어 갈 때라야 구원의 확신이 주어집니다. 혹여 구원의 확신이 없다면 자신을 철저히 돌아보아 하나님께서 싫어하시는 죄를 벗어 버리고 말씀대로 살고자 힘써야 합니다. 그럴 때 성령께서 마음에 믿어지는 믿음을 주시고 구원의 문으로 인도하실 수 있습니다.

2. 물질의 축복을 받으려면

하나님께서는 행한 대로 갚아 주시며 심은 대로 거두게 하시는 분입니다. 만일 물질의 축복을 받기 원한다면 물질로 심어야 합니다. 무엇이든지 심지 않은 데서 거둘 수가 없기 때문에 하나님께서는 사랑하는 자녀들에게 물질의 축복을 주시기 위해 온전한 십일조를 하라고 명하셨습니다.

말라기 3장 10절에 "온전한 십일조를 창고에 들여 나의 집에 양식이 있게 하고 그것으로 나를 시험하여 내가 하늘 문을 열고 너희에게 복을 쌓을 곳이 없도록 붓지 아니하나 보라" 말씀합니다. 즉 온전한 십일조를 하면 하나님께서 불필요한 지출을 막아 주시고 복을 쌓을 곳이 없도록 부어 주신다는 것입니다.

물질의 축복을 받으려면 어떻게 해야 할까요?

초신자나 믿음이 없는 사람들은 십일조를 하면 마치 물질에 손해가 갈 것처럼 생각하지만 결코 그렇지 않습니다.

성경에 기록된 하나님 말씀을 믿고 온전한 십일조를 하면 가정, 일터, 사업터를 지켜 주십니다. 어떤 사고나 재앙에서도 보호해 주시므로 물질이 낭비되지 않습니다.

감사예물이나 절기예물 등 헌물을 할 때도 인색함이나 억지로 하지 않고 감사한 마음으로 드릴 때 하나님께서는 기뻐 받으시고 큰 축복으로 갚아 주십니다. 심은 대로 거두기 때문에 많이 심으면 많이 거두고 적게 심으면 적게 거두게 되지요(고후 9:6).

열왕기상 17장에 나오는 사르밧 과부는, 오랜 가뭄으로 먹을 것이 없을 때 마지막 남은 양식으로 엘리야 선지자를 공궤하였습니다. 과부가 이렇게 귀한 것을 심었기에 비가 다시 올 때까지 양식이 떨어지지 않는 축복을 받을 수 있었지요.

이처럼 물질의 축복을 받으려면 온전한 십일조는 물론 헌물을 드리되 인색함이나 억지로 하지 말고 즐겨 드려야 합니다.

3. 하늘나라의 상급을 받으려면

하나님의 자녀들은 믿음에 따라 행함이 각기 다릅니다. 믿음이 큰 만큼 하나님께 영광 돌리고 하늘에 상급도 많이 쌓을 수 있습니다.

이 세상에 살면서 무엇을 잘하면 인정을 받고 상을 받아 장래가 보장되고 자신에게 영광이 되는 것처럼 하나님 나라에서도 마찬가지입니다.

하늘나라에서
상급을 받으려면
어떻게 해야 할까요?

하나님 뜻대로 살면서 하나님께 영광을 돌리면, 창조주이시며 사랑 자체이신 하나님께서 세세토록 없어지지 않고 영광이 되는 상을 주십니다. 천국에는 우리가 이 땅에서 행하고 심은 것에 대한 상급이 쌓여 있습니다. 하나님께서는 30배, 60배, 100배로 거두게 하는 분이니 얼마나 큰 상급으로 갚아 주시겠습니까.

특히 영혼 구원은 하늘나라에서 가장 큰 상급이 됩니다. 하나님께서는 한 영혼을 온 천하보다도 귀히 여기며 사랑하십니다. 그러니 때를 얻든지 못 얻든지 전도하고, 한 영혼도 잃지 않기 위해 더욱 사랑하며 돌아보아야 합니다.

하나님께서는 생명 다해 헌신한 사도 바울에게 어떠한 영광을 주셨나요?

사도 바울은 영혼 구원을 위해 모진 핍박과 환난을 받으면서도 감사했고, 영혼들을 자신의 생명보다 더 사랑했습니다.

처참하게 순교를 당하면서도 이 땅에 남겨진 영혼들을 걱정하며 믿음으로 세상을 잘 이기기를 간절히 기도했지요. 이처럼 자신의 생명도 아낌없이 헌신했던 사도 바울에게 하나님께서는 새 예루살렘 성의 영광은 물론 천국에서 높은 서열에 이르도록 축복하셨습니다.

우리가 마음 중심에서 주님을 사랑하면 하나님의 나라를 위해 충성 봉사하며 상급을 쌓기에 힘쓰게 됩니다. 더구나 주의 종이나 지역장, 조장, 구역장, 연합회장, 선교회장, 기관장이라면 부흥의 열매로 하나님께 영광을 돌리기 위해 최선을 다해야 하지요. 성가대나 교사, 봉사대, 헌금위원 등 자신의 달란트를 살려 교회를 섬기는 사람들도 마찬가지입니다.

하나님께서는 지옥에 떨어질 수밖에 없었던 영혼들을 구원해 주셨습니다. 그 크신 하나님의 은혜에 보답해 드리기 위해 충성 봉사하며 하나님의 나라를 위해 심는 것은 모두가 상급이 됩니다. 가령, 교회가 성전 건축을 한다면 벽돌 한 장이라도 보탬이 되고자 심을 때 하나님께서 그 마음을 기뻐하십니다.

물질이 없다면 금식과 기도로 심는 것 또한 상급이 됩니다. 소자에게 물 한 그릇 주는 것도 잊지 않고 상 주시는 하나님께서는 성도들의 일거수일투족을 불꽃 같은 눈동자로 지켜보시며, 누가 어떤 중심으로 하나님을 사랑하고, 영혼들을 귀히 여기며 이웃을 섬기는지 감찰하고 계십니다.

그러므로 믿음으로 구원에 이를 뿐 아니라 몸과 마음과 뜻과 정성을 다해 하나님을 사랑함으로 하늘나라에 많은 상급을 쌓고 이 땅에서도 큰 축복을 받아 누리시길 바랍니다.

Plus

'사망에 이르는 죄'란?

성령 훼방, 거역, 모독하는 죄를 말한다(마 12:31~32 ; 눅 12:10). 또한 주님을 십자가에 못 박아 현저히 욕을 보인 죄와(히 6:4~6), 진리를 아는 지식을 받은 후 짐짓 죄를 범하는 것을 말한다(히 10:26~27).

Chapter 17

다시 오실 주님

성경에 기록된 주님의 공중 강림과 여러 징조들을
조명해 봄으로 더욱 깨어 근신하게 한다.

읽을 말씀: 마태복음 24:32~34

무화과나무의 비유를 배우라 그 가지가 연하여지고 잎사귀를 내면 여름이 가까운 줄을 아나니 이와 같이 너희도 이 모든 일을 보거든 인자가 가까이 곧 문 앞에 이른 줄 알라 …

외울 말씀: 데살로니가전서 4:16

주께서 호령과 천사장의 소리와 하나님의 나팔로 친히 하늘로 좇아 강림하시리니 그리스도 안에서 죽은 자들이 먼저 일어나고

참고 말씀: 고린도전서 15:20

그러나 이제 그리스도께서 죽은 자 가운데서 다시 살아 잠자는 자들의 첫 열매가 되셨도다

내가 진실로 너희에게 말하노니 이 세대가 지나가기 전에 이 일이 다 이루리라 마태복음 24:34

약 2천 년 전, 인류를 죄와 사망에서 구원하시고자 이 땅에 오신 예수님은 십자가에 못 박혀 돌아가신 후 삼 일 만에 다시 살아나셨습니다. 아무 흠도 죄도 없으셨기에 죽은 자 가운데서 부활하신 것입니다. 그 후 주님은 승천하시면서 우리를 데리러 다시 오신다고 약속하셨습니다. 사도행전 1장 11절에 "너희 가운데서 하늘로 올리우신 이 예수는 하늘로 가심을 본 그대로 오시리라" 말씀합니다. 과연 주님께서는 언제 어떻게 다시 오실까요?

1. 예언대로 성취될 주님의 공중 강림

성경을 보면 예수님의 탄생, 십자가의 고난 등 수많은 예언이 나옵니다. 대부분의 예언이 성취되었고 장차 이루어질 주님의 공중 강림과 7년 환난, 지상 재림과 천년왕국, 백보좌 대심판 등이 남아 있습니다.

그래서 다시 오실 주님을 믿는 성도들은 세상의 정욕적인 것들을 버리고 깨어 근신하며 천국의 소망 가운데 살아갑니다. 주님은 반드시 다시 오실 것이요, 성도들은 아름다운 천국에서 주님과 함께 영생복락을 누리게 될 것이니 얼마나 복된지요.

부활, 승천하신 주님께서 장차 공중 강림하심을 믿고 있나요?

주님의 공중 강림 사건을 예언한 데살로니가전서 4장 16~17절을 보면 "주께서 호령과 천사장의 소리와 하나님의 나팔로 친히 하늘로 좇아 강림하시리니 그리스도 안에서 죽은 자들이 먼저 일어나고 그 후에 우리 살아남은 자도 저희와 함께 구름 속으로 끌어 올려 공중에서 주를 영접하게 하시리니 그리하여 우리가 항상 주와 함께 있으리라" 말씀합니다.

먼저 '그리스도 안에서 죽은 자들'이 부활합니다. 이들을 가리켜 성경에서는 '잠자는 자'라고 하지요(고전 15:20). 주님이 공중에 강림하시면 잠자는 자들의 몸이 썩지 아니할 몸으로 부활하고 공중에서 영혼과 함께 결합되어 부활체가 됩니다.

이렇게 죽었던 성도들이 부활하면, 그다음에는 죽지 않고 이 땅에 살아 있는 성도들이 홀연히 변화되어 구름 속으로 올라가 공중에서 주님을 영접하게 됩니다. 즉 휴거 사건이 일어나는 것이지요.

2. 재림에 대한 성경적 예언

히브리서 10장 37절을 보면 "잠시 잠깐 후면 오실 이가 오시리니 지체하지 아니하시리라" 했습니다. 요한계시록 3장 11절에는 "내가 속히 임하리니 네가 가진 것을 굳게 잡아 아무나 네 면류관을 빼앗지 못하게 하라" 말씀합니다.

이처럼 주님의 재림에 대한 예언이 성경 곳곳에 나오지만, 믿지 않고 의심하는 사람이 얼마나 많은지요. 하나님을 믿는다고 하면서 시험하는 사람도 있습니다. 극단적인 종말론자들로 치부하며 심지어 이단이라 하는 이들도 있지요. 그러나 아무리 부인해도 주님의 재림은 속히 성취될 일입니다.

알곡 성도는 주님의 재림을 믿기에 신부단장에 힘쓰며 신랑 되신 주님을 손꼽아 기다립니다. 그래서 마태복음 25장에 나오는 슬기로운 다섯 처녀처럼 혼인 잔치에 들어갈 수 있습니다. 하지만 쭉정이 성도는 주님의 재림을 믿지 못하니 미련한 다섯 처녀처럼 구원받지 못합니다.

주님의 재림을 믿는다면 어떻게 해야 할까요? (마 25장)

주님의 재림을 믿는다는 사람 중에는 우리가 특별히 경계해야 할 부류가 있습니다. 예를 들면, "주님께서 몇 년 몇 월 며칠 몇 시에 오신다."고 하며 미혹하는 사람들이 있는데 과연 그럴까요?

마태복음 24장 36절에 "그날과 그때는 아무도 모르나니 하늘의 천사들도, 아들도 모르고 오직 아버지만 아시느니라" 했습니다. 따라서 그날과 그때를 말하는 사람이 있다면 멀리해야 합니다.

우리는 성경에 예언된 말씀을 통해 주님이 다시 오실 날이 가까웠음을 깨달아야 하겠습니다. 깨어 근신하며 영혼을 구원하기 위해 힘쓸 뿐 아니라 빛 가운데 행해야 합니다.

주의 날이
도적같이 임하지 않으려면
어떻게 해야 하나요?
(살전 5:4)

그런 성도들에게는 주의 날이 도적같이 임하지 않습니다. 하지만 세상과 짝하며 어둠에 있는 사람에게는 주의 날이 밤에 도적같이 임합니다. 노아 때도 사람들은 노아가 방주에 들어가는 날까지 먹고 마시며 세상을 취하다 홍수에 수장되고 말았습니다.

3. 무화과나무 비유

마태복음 24장 32~33절을 보면 예수님께서 "무화과나무의 비유를 배우라 그 가지가 연하여지고 잎사귀를 내면 여름이 가까운 줄을 아나니 이와 같이 너희도 이 모든 일을 보거든 인자가 가까이 곧 문 앞에 이른 줄 알라" 말씀하십니다. 무화과나무의 비유를 통해 이스라엘에 대한 예언을 하신 것입니다.

여기서 '무화과나무 가지가 연해지고 잎사귀를 낸다'는 것은 이스라엘의 독립을 뜻하지요. 그리고 '이 모든 일을 보거든 인자가 가까이 곧 문 앞에 이른 줄 알라'는 말씀은 이스라엘이 독립하였을 때는 곧 주님의 재림이 가까운 때임을 예시하고 있습니다.

그런데 마태복음 21장 18~19절을 보면 예수님께서 예루살렘 성으로 들어오실 때 열매 없는 무화과나무를 보시고 "이제부터 영원토록 네게 열매가 맺지 못하리라" 말씀하시니 무화과나무가 곧 말랐습니다.

예수님께서는 무화과나무가 열매를 맺힐 때가 아니므로 잎사귀만 무성하고 열매가 없다는 것을 아셨습니다. 더구나 예수님께서는 상한 갈대도 꺾지 않으시고 꺼져가는 심지도 끄지 않으시는 분입니다. 그런데도 열매 없는 무화과나무를 저주하신 이유는 무엇일까요?

무화과나무는
영적으로
무엇을 의미할까요?

당시 이스라엘의 종교 지도자인 바리새인들과 서기관들은 예수님을 알아보지도 못하고 지식적인 믿음 속에 형식적인 율법만을 강조했습니다.

이처럼 행함이 없는 믿음은 죽은 믿음이요(약 2:17), 아버지 하나님의 뜻대로 행하지 아니하면 천국에 들어갈 수 없으므로(마 7:21) 그들이 구원에 이르지 못할 것을 비유로 말씀하신 것입니다.

결국 유대인들은 하나님의 아들이신 예수님을 영접하지 않고 도리어 십자가에 못 박아 죽였고, 그 피는 이스라엘과 이스라엘 자손에게 돌아가 하나님의 저주가 임하고 말았습니다(마 27:25).

그리하여 A.D. 70년경, 이스라엘은 로마에 의해 멸망당하여 성전이 돌 위에 돌 하나도 남지 않고 다 무너졌고 이스라엘 백성은 세계 각국으로 흩어져 살게 되었습니다(마 24:2).

이처럼 세계 각국에 흩어졌던 이스라엘 민족은 나라 없는 서러움과 멸시 천대를 받았습니다. 2차 세계대전 당시에는 나치에 의해 약 600만 명의 유대인이 학살을 당하는 등 그들에게 임한 저주와 시련은 참혹하리만큼 무서웠습니다. 그런데도 이들은 하나님을 버리지 않고 끝까지 율법을 지켰습니다.

마침내 때가 이르자 하나님께서는 약속대로 흩어진 백성들을 모아 이스라엘을 독립시켜 주셨습니다. 그날이 바로 1948년 5월 14일이지요. 완전히 멸망하여 없어진 나라가 약 1900년 만에 재건된 것입니다.

무화과나무 비유를 통해 깨달아야 할 것은 무엇일까요?

이처럼 열매 없는 무화과나무의 가지가 연하여지고 잎사귀를 내면 여름이 가까운 줄을 아는 것같이, 우리는 이스라엘 역사를 통해 주님의 재림의 때가 가까운 줄을 깨달아야 하겠습니다.

성경을 살펴보면 이스라엘이 다시 일어설 것을 곳곳에 예언해 놓았습니다. 이사야 49장 8절에 "은혜의 때에 내가 네게 응답하였고 구원의 날에 내가 너를 도왔도다 내가 장차 너를 보호하여 너로 백성의 언약을 삼으며 나라를 일으켜 그들로 그 황무하였던 땅을 기업으로 상속게 하리라" 말씀했습니다.

에스겔 38장 8절에는 "여러 날 후 곧 말년에 네가 명령을 받고 그 땅 곧 오래 황무하였던 이스라엘 산에 이르리니 그 땅 백성은 칼을 벗어나서 열국에서부터 모여 들어오며 이방에서부터 나와서 다 평안히 거하는 중이라" 했지요. 이처럼 황무한 사막 가운데 적국으로 둘러싸인 조그만 땅, 이스라엘은 독립한 후 짧은 시간에 선진국으로 부상하여 세계가 주목하는 나라가 되었습니다.

이 외에도 성경에 기록된 많은 징조들을 통해 주님의 재림이 임박했음을 깨달아 부지런히 신부단장을 마치고 "주 예수여 어서 오시옵소서!"라고 기쁘게 맞이할 수 있는 주님의 신부가 되시기 바랍니다.

Plus

'바리새인'이란?

신약 시대 유대계파 중 가장 큰 세력을 지니고 영향력을 발휘했던 사람들로, 율법을 엄격히 지켰다. 구약을 정경으로 여기고 모세의 율법을 연구하며, 레위기의 청결 의식을 철저히 지켰다. 형식이나 관습을 중요시하였고, 금식 또한 철저히 했다. 전통이나 장로들의 유전을 지나치게 지켜 하나님의 말씀과 동등하게 여겼다. 너무 외적인 면을 중요시하다 보니 안식일에 병자를 치료하거나 이삭을 잘라 먹는 것까지도 죄로 간주하였다.

사도 바울의 충성과 영광

고린도후서 11장 23절을 보면
사도 바울이 하나님 나라를 이루기 위해
수고를 넘치도록 했음을 알 수 있습니다.

복음을 전하며 권능을 나타내다가
옥에 갇히기도 하고 매도 수없이 맞아
여러 번 죽을 뻔하였습니다.

그런데도 그는 조금도 불평하거나 원망하지 않고
하나님 말씀대로 기뻐하고 즐거워하였지요.

결국 사도 바울로 인하여 이방인 선교의 길과
세계 선교의 문이 활짝 열렸습니다.
그러니 그는 당연히 새 예루살렘 성에서
해와 같이 빛나는 영광을 소유합니다.

이처럼 하나님께서는 주를 위해
자기의 생명을 돌아보지 않고 넘치도록 충성한 사람을
지극히 사랑하여 축복하며 큰 상으로 갚아 주십니다.

그러므로 하나님의 영광이 드리운 새 예루살렘 성은
어느 특정한 사람만 들어가는 곳이 아니라
아버지 하나님을 닮아 성결하고 사명을
넘치도록 감당하면 누구나 들어갈 수 있습니다.

불같은 기도와 말씀으로 더욱 힘써
하나님 마음을 닮아 나가며 사명을 온전히 감당하여
장차 거룩한 성 새 예루살렘에 이르러
감격의 눈물로 "아버지 하나님의 크신 사랑에
감사하나이다" 고백할 수 있기를 바랍니다.

| 이재록 목사 저서 『천국(하)』 중에서 |

Part 5

참된 그리스도인의 삶

S i x - d a y M a n n a

"내가 진실로 진실로 너희에게 이르노니

한 알의 밀이 땅에 떨어져 죽지 아니하면 한 알 그대로 있고

죽으면 많은 열매를 맺느니라"

요한복음 12:24

Chapter 18

사람의 본분을 찾자

사람의 본분이 무엇인지 깨달아
거룩하신 하나님의 참 자녀가 되게 한다.

읽을 말씀: 전도서 12:13~14
일의 결국을 다 들었으니 하나님을 경외하고 그 명령을 지킬지어다 이것이 사람의 본분이니라 하나님은 모든 행위와 모든 은밀한 일을 선악 간에 심판하시리라

외울 말씀: 전도서 12:13
일의 결국을 다 들었으니 하나님을 경외하고 그 명령을 지킬지어다 이것이 사람의 본분이니라

참고 말씀: 베드로전서 1:16
기록하였으되 내가 거룩하니 너희도 거룩할지어다 하셨느니라

여호와를 경외하는 것은 악을 미워하는 것이라 나는 교만과 거만과 악한 행실과 패역한 입을 미워하느니라 잠언 8:13

우리가 삶의 목표와 방향을 어디에 두는가는 매우 중요합니다. 많은 사람이 단지 이 땅에서의 성공과 부귀영화에 목표를 두기 때문에 자신의 유익을 위해서라면 기본적인 윤리와 도덕마저 무시합니다. 사람의 본분이 무엇인지 모른 채 육신의 정욕을 좇아 무절제하게 살아가는 등 죄악이 관영한 세상이 되고 말았습니다. 과연 사람의 본분이란 무엇이며 창조주 하나님의 자녀라면 어떻게 살아가야 할까요?

1. 사람의 본분이란 무엇인가

창세기 1장을 보면 창조주 하나님께서는 사람을 지으시고 만물의 영장으로 살아갈 수 있도록 축복해 주셨습니다. 영이신 하나님과 교통하면서 생육하고 번성하여 땅을 정복하고 만물을 다스리도록 역사하셨지요.

그런데 오늘날 사람들이 하나님을 경외하지 않고 그 명령을 지키지도 않으며 사람의 본분을 망각한 채 짐승과 다를 바 없는 삶을 살아가는 이유는 무엇일까요?

원래 하나님께서 창조하신 첫 사람 아담과 하와는 사랑스럽고 아름다웠으며 거짓이 없이 진실하고 깨끗하고 온전하였습니다. 또한 하나님과 동행하는 복된 삶을 살면서 만물을 지배하고 다스렸지요.

하지만 오랜 세월이 흐른 후 아담은 사단의 유혹에 넘어가 하나님께서 먹지 말라고 금하신 선악과를 먹고 말았습니다. 그 결과 죄의 삯으로 사람의 주인인 영이 죽으니 영이신 하나님과의 교통이 끊어지게 되었습니다(롬 6:23).

그리하여 혼이 사람의 주인이 되어 정욕을 좇아 짐승과 다를 바 없이 살아가게 된 것입니다. 오늘날은 인륜 도덕이 땅에 떨어져 부모와 자녀 간에도 사랑을 찾아보기가 어렵게 되었지요.

많은 사람이
짐승과 다를 바 없이
살아가는 이유는
무엇일까요?

이처럼 범죄한 아담과 그의 후손은 모두 죄인이 되었기에 사랑의 하나님께서는 예수 그리스도를 이 땅에 보내셔서 사람의 모든 죄를 대속하게 하셨습니다.

누구든지 예수 그리스도를 영접하여 죄 사함을 받고 죽은 영이 살아나 사람의 본분을 되찾으며 영생을 얻을 수 있도록 인간 구원의 길을 열어 주신 것입니다.

그러면 사람의 본분이란 무엇이며 어떻게 해야 지킬 수 있을까요?

전도서 12장 13절에 “하나님을 경외하고 그 명령을 지킬지어다 이것이 사람의 본분이니라” 말씀하고 있습니다. 피조물인 사람으로서 마땅히 행해야 할 도리가 있는데 바로 자기를 지으신 창조주 하나님을 경외하고 그 명령을 지키는 것이지요.

사람의 본분이란 무엇인가요?
하나님은 어떤 분이신가요?

이어지는 14절에 “하나님은 모든 행위와 모든 은밀한 일을 선악 간에 심판하시리라” 했고, 전도서 1장 2~3절에는 ‘사람이 해 아래서 수고하는 모든 수고가 헛되고 헛되다’고 말씀하셨습니다.

그러므로 하나님은 모든 것을 선악 간에 심판하시는 분임을 알아 사람의 정욕을 좇아 이 세상의 헛된 것에 마음을 빼앗기지 말고 영원한 천국을 소망하며 몸과 마음과 뜻과 정성을 다해 하나님을 첫째로 사랑하고 그 명령을 지켜 행해야 할 것입니다.

2. 사람의 본분을 지키는 방법

1) 하나님을 밝히 아는 사람이 되어야 합니다

하나님을 밝히 안다는 것은 창조주 하나님의 능력뿐만 아니라 하나님의 마음과 뜻을 아는 것을 말합니다. 하나님께서 왜 사람을 창조하시고 이 땅에 경작하시는가, 어떻게 영생의 길로 인도하시는가 등 하나님의 섭리에 대해 바로 알고 깨달아야 하나님을 경외하고 그 명령을 지켜 행할 수 있습니다. 태초에 드넓은 우주 공간에 홀로 계시던 근본 하나님께서는 영원히 사랑을 주고받을 수 있는 대상을 원하셨습니다.

하나님께서 사람을 창조하시고 경작하시는 이유는 무엇인가요?

하늘나라에는 로봇과 같이 순종을 잘 하는 천사들이 많이 있지만 하나님께서는 스스로 자유 의지 가운데 순종하는 참 자녀를 원하셨습니다. 그래서 하나님의 형상을 따라 사람을 창조하시고 오랜 세월에 걸쳐 무수한 사람을 경작하고 계십니다.

부모가 자녀를 낳아 기르려면 많은 수고가 따르지만 사랑을 주고받으면서 행복을 느낄 수 있고, 훌륭하게 장성하면 큰 기쁨이 되기 때문에 고생을 잊고 수고합니다. 하나님께서도 사람의 악함을 아시지만 즐거이 경작하시는 것은 하나님 마음을 알아 자유 의지 가운데 하나님을 사랑하고 기쁘시게 하는 참 자녀도 나올 것을 아시기 때문입니다.

하나님께서는 참 자녀를 얻기 위해 사람에게 자유 의지를 주시고 에덴동산에 선악과를 두셨습니다. 그리고 죄로 인해 죽을 수밖에 없는 인류를 위해 예수님을 이 땅에 보내셔서 나무 십자가에 달려 죽게 하셨습니다. 예수님께서는 죄가 없으시므로 사망 권세를 깨뜨리고 부활하셨습니다. 그리하여 부활하신 예수 그리스도를 영접하면 누구든지 죄 사함을 받아 하나님의 자녀 된 권세를 얻게 된 것입니다.

사람은 태어날 때부터 부모의 기를 받아 여러 가지 죄성을 타고납니다. 성장 과정 중에도 진리와 맞지 않는 것들을 보고 들으며 배우는 만큼 악해질 수밖에 없습니다. 그러나 예수 그리스도를 영접하고 성령을 선물로 받으면 말씀과 기도로 거룩한 하나님의 참 자녀가 될 수 있습니다.

천국과 지옥을 알고, 창조주 하나님과 원수 마귀도 알며, 죄의 삯이 사망이라는 것과 불의가 얼마나 추하다는 것을 깨달아 불같이 기도하여 악은 모든 모양이라도 버리기 때문입니다. 이처럼 하나님을 경외하고 그 명령을 지켜 행하며 하나님이 기뻐하시는 사람의 본분을 찾아 다시는 짐승과 다름없는 자리로 떨어지지 않아야 하겠습니다.

2) 자기 자신을 개간해 나가야 합니다

농부가 많은 열매를 거두려면 묵은 땅을 기경하며 씨를 뿌린 후에는 거름을 주고 잡초를 뽑아 주는 등 많은 수고를 해야 합니다.

마찬가지로 사람의 마음 밭도 개간하는 작업이 있어야 하나님 말씀에 온전히 순종할 수 있는 옥토가 되어 사람의 본분을 지킬 수 있습니다.

사람의 마음 밭은 어떻게 해야 개간할 수 있을까요?

창조주 하나님을 만나고 인간 경작의 섭리를 알았다면, 비진리의 마음을 진리의 마음으로 바꾸는 작업이 필요합니다. 그래야 하나님 말씀을 듣고 보며 읽는 대로 깨달아지고 성령의 열매를 맺을 수 있습니다. 잠언 8장 13절에 "여호와를 경외하는 것은 악을 미워하는 것이라" 했으니 진정 하나님을 경외한다면 악을 미워하고 죄를 벗어 버리며 자신의 마음 밭을 열심히 개간하여 옥토로 만들어 가야 합니다.

베드로전서 1장 16절에 "내가 거룩하니 너희도 거룩할지어다" 했고, 데살로니가전서 5장 22절에 "악은 모든 모양이라도 버리라" 말씀하셨습니다. 그러니 마음 밭을 개간하고 오직 하나님 말씀대로 살아서 성령의 열매와 영적인 사랑, 팔복 등의 열매를 맺어 사람의 본분을 지켜야겠습니다.

3) 자신의 삶에 충실해야 합니다

사람의 본분을 지키려면 맡은 일을 잘 감당할 뿐만 아니라, 자기 삶에 충실해야 합니다. 각자의 위치에서 최선을 다하는 삶을 살아야 한다는 것입니다. 예를 들어, 부모는 부모의 역할을 잘 감당하고, 자녀는 자녀로서의 도리를 다해야 합니다. 학생은 본분인 공부를 잘해야 하고, 군인은 국방의 의무를 이행해야지요.

여러분은
자신의 삶에 얼마나
충실한가요?

하나님의 일을 하는 데 있어서도 마찬가지입니다. 교회에서 기관장, 성가대, 교사, 구역장, 조장, 지역장 등 맡은 사명을 잘 감당해야 자기의 본분을 다했다 할 수 있습니다.

주님의 마음으로 영혼을 사랑하며 하나님께 영광 돌리고자 하는 마음으로 충성 봉사해야 합니다. 교회에 모이기를 힘쓰며 신령과 진정으로 예배드리고 마음 다해 찬송하는 것, 항상 기뻐하고 범사에 감사하며 쉬지 않고 기도하는 생활은 신앙인의 기본입니다.

혹여 영적인 사명을 감당한다는 이유로 육적인 사명을 소홀히 하거나 육적인 사명 때문에 주 안에서 감당해야 할 영적인 사명을 소홀히 여기지는 않습니까? 각 분야에서 주어진 모든 일을 지혜롭게 감당해야 합니다. 자신의 마음 밭을 개간하며 사람의 본분을 지켜 행함으로 항상 하나님께 영광 돌리며 풍성한 열매를 맺으시기 바랍니다.

Plus

'에덴동산'이란?

첫 사람 아담과 하와가 생령으로서 하나님께서 금하신 선악과를 먹고 쫓겨나기 전까지 오랜 세월 동안 자손을 낳으며 살았던 곳이다.

생령 아담은 에덴동산과 지구를 다스리고 지배하며 아름답고 풍성한 열매들이 있는 곳에서 부족함 없이 살았다.

동산 중앙에는 생명나무와 선악을 알게 하는 나무가 있는데 하와가 뱀의 유혹을 받아 선악과를 따 먹고 아담에게도 주어 결국 두 사람 모두 에덴동산에서 쫓겨나고 말았다.

Chapter 19

죽어지는 밀알이 되자

예수님처럼 죽어지는 밀알이 되어
해와 같이 빛나는 영광에 이르는 성도가 되게 한다.

읽을 말씀: 요한복음 12:24~26
… 자기 생명을 사랑하는 자는 잃어버릴 것이요 이 세상에서
자기 생명을 미워하는 자는 영생하도록 보존하리라 …

외울 말씀: 요한복음 12:24
내가 진실로 진실로 너희에게 이르노니 한 알의 밀이 땅에 떨어져
죽지 아니하면 한 알 그대로 있고 죽으면 많은 열매를 맺느니라

참고 말씀: 히브리서 12:2
믿음의 주요 또 온전케 하시는 이인 예수를 바라보자 저는 그 앞에
있는 즐거움을 위하여 십자가를 참으사 부끄러움을 개의치
아니하시더니 하나님 보좌 우편에 앉으셨느니라

사람이 나를 섬기려면 나를 따르라 나 있는 곳에 나를 섬기는 자도 거기 있으리니 사람이 나를 섬기면 내 아버지께서 저를 귀히 여기시리라 요한복음 12:26

한 알의 밀이 죽어 열매 맺는 과정을 보면, 씨앗은 싹이 나고 뿌리를 내리기 위해 죽어져 모든 부분을 양분으로 내어 줍니다. 비록 형체는 없어져도 새 생명체를 탄생시켜 많은 열매를 맺지요. 반면 씨앗이 죽지 않으면 아무런 열매를 맺지 못합니다. 이런 자연의 법칙은 영계에서도 동일하게 적용됩니다.

1. 죽어지는 밀알이 되신 예수님

요한복음 12장 24절에 "한 알의 밀이 땅에 떨어져 죽지 아니하면 한 알 그대로 있고 죽으면 많은 열매를 맺느니라" 말씀했습니다. 여기서 '한 알의 밀'은 이 땅에 오셔서 십자가에 달려 죽으심으로 모든 사람에게 구원의 길을 열어 주신 예수님을 의미합니다.

그러면 예수님은 어떻게 죽어지는 한 알의 밀이 되셨을까요?

창조주 하나님의 아들로서 육신을 입고 이 땅에 오신 예수님은 아무 죄 없이 피조물에 의해 수치와 모욕을 당하시고 말로 다 표현할 수 없는 고초를 받으셨습니다. 침 뱉음을 당하시고, 채찍에 맞으며 가시관을 쓰시고 온갖 조롱을 받으셨지요.

하지만 예수님은 부끄러움을 전혀 개의치 않으셨습니다. 결국 예수님은 인류의 죄를 대신 지고 나무 십자가에 달려 물과 피를 다 쏟으시고 죽으셨다가 3일 만에 다시 살아나셨습니다. 그리하여 누구든지 부활하신 예수 그리스도를 믿으면 구원받아 천국에서 영생복락을 누릴 수 있는 길이 열린 것입니다.

히브리서 12장 2절에 "믿음의 주요 또 온전케 하시는 이인 예수를 바라보자 저는 그 앞에 있는 즐거움을 위하여 십자가를 참으사 부끄러움을 개의치 아니하시더니 하나님 보좌 우편에 앉으셨느니라" 말씀했습니다.

'그 앞에 있는 즐거움'이란 무엇을 의미할까요?

여기서 '그 앞에 있는 즐거움'이란 무엇을 의미할까요? 사망의 길로 가는 죄인들을 구원할 수 있다는 사랑과, 아버지 하나님의 뜻을 이룰 수 있다는 기쁨을 의미합니다. 또한 하나님의 섭리를 이루어 만왕의 왕이요, 만주의 주가 될 수 있다는 즐거움을 말씀하신 것입니다.

우리도 하나님의 일을 하면서 예수님처럼 어떠한 고난을 당한다 해도 항상 기뻐하고 감사하며, 철저히 죽어진다면 많은 열매를 맺을 수 있습니다.

2. 죽어지는 밀알이 되어 풍성한 열매를 맺으려면

1) 자아가 죽어야 합니다

사람은 태어나면서부터 부모, 형제, 학교, 친구, 이웃 등 다양한 환경을 통해 보고 들으며 경험을 쌓아갑니다. 이렇게 쌓은 지식과 교양으로 자아를 형성하게 되지요.

그런데 예수 그리스도를 영접하여 하나님 말씀을 듣고 배우면서 죄와의 싸움이 시작됩니다. 그동안 자아를 형성했던 것들은 대부분 진리에 위배되므로 부딪힘이 생기기 때문입니다. 이럴 때 "내 생각과 이론보다 하나님 말씀이 옳습니다." 하며 자기를 부인해야 자아가 죽을 수 있습니다.

고린도후서 10장 5절을 다 함께 읽고 외워볼까요?

하나님 말씀에 위배되는 생각과 이론을 철저히 깨뜨려야 자아가 죽는 것입니다(고후 10:5). 그래서 히브리서 12장 4절에 죄와 싸우되 피 흘리기까지 대항해야 버릴 수 있음을 말씀하고 있습니다.

죄는 대충 회개한다고 해서 벗어지는 것이 아닙니다. 불같이 기도하며 죄를 버리기 위해 피 흘리기까지 싸우는 노력이 필요합니다. 이럴 때 하나님께서 성령의 불세례를 내려 죄성을 태우기도 하시고, 죄를 버릴 수 있는 능력을 주십니다. 또한 마음에 내주하시는 성령께서 죄가 무엇인지 깨닫게 하시며 버릴 수 있도록 도와주십니다.

한 알의 밀이 죽어질 때 그 속의 내용물이 양분으로 공급되고 껍질도 썩어 없어집니다. 이처럼 우리가 죽어지는 밀알이 되려면 자아를 형성하고 있는 것이 진리로 바뀌고 자아라는 틀 자체도 없어져야 합니다. 이 세상에 태어나 성장하면서 진리가 아닌 것들로 만들어진 자기 의와 틀을 깨뜨려야 새로운 피조물이 될 수 있습니다.

2) 가정에서 죽어져야 합니다

만일 남편이 주님을 믿지 않고 아내만 주님을 믿는 가정이라면 아내는 어떻게 해야 할까요? 남편이 구원받을 수 있도록 기도하고 복음을 전하며, 진리 안에서 순종하고 섬기며 사랑해야 할 것입니다. 아내가 남편을 위해 죽어지는 밀알이 되면 남편이 변화를 받아 구원에 이를 수 있습니다. 남편만 주님을 믿는 가정이라 해도 그렇게 하면 되지요.

가족복음화를 온전히 이루고 사랑으로 하나 되는 가정이 되려면 믿음이 있는 사람이 먼저 죽어져야 합니다. 가족은 가장 가까이에서 모든 것을 지켜보기 때문에 본이 되지 못하면 열매를 거둘 수 없습니다. "교회 다니더니 착해졌다. 부지런해졌다."고 인정받을 수 있어야 합니다.

가정에서
죽어지는 밀알이 되려면
어떻게 해야 할까요?

그러므로 가정에서 죽어지려면 자신의 '구습'을 벗어 버려야 합니다. '구습'이란 하나님을 믿기 전 옛사람일 때 자신의 몸에 밴 좋지 않은 습관을 말합니다. 자라온 환경 속에서 욕이 일상의 말이 되었거나 혈기가 많아 작은 일에도 쉽게 화를 내고 손찌검을 하는 것, 또 방이 지저분해도 치우지 않고 방치해 두는 것 등입니다.

이런 나쁜 구습들을 버리고 성실히 본이 되어 가족들을 섬긴다면 가정복음화는 물론 항상 웃음꽃이 피는 화목한 가정을 이룰 수 있습니다.

3) 교회 안에서 죽어져야 합니다

성도는 혈육으로 맺어진 형제보다 더 가까운 하나님의 자녀로서 이 땅에서뿐 아니라, 천국에서도 영원히 함께 살아갈 가족입니다. 그러면 교회 안에서 성도의 허물을 들추며 남에게 전하는 것이 합당할까요?

상대의 허물을 들추며
거듭 말하는 것이
합당할까요?

잠언 17장 9절에 "허물을 덮어 주는 자는 사랑을 구하는 자요 그것을 거듭 말하는 자는 친한 벗을 이간하는 자니라" 했습니다. 하나님께서는 서로 사랑하고 이해하며 용서하기를 원하십니다.

'자기'가 살아 있는 사람은 상대의 허물을 용납하지 못합니다. 자기 의로움으로 상대를 지적하고 상대로 인해 피해를 입으면 불편해하고 용서하기가 어렵지요.

자신이 얼마나 죽어졌는지는 '화평'의 분야만 봐도 알 수 있습니다. 자기 의를 주장하고 자기 틀을 고집하는 사람은 다른 사람들과 화평하기가 어렵습니다. 틀이라는 것은 딱딱하여 부딪히면 소리가 나니 화평이 깨지기 마련이지요. 만일 '김 집사'와는 잘 지내는데 '최 집사'와는 불편하다면 화평한 것이 아닙니다. 자신에게 잘해 주는 사람뿐만 아니라, 그렇지 못한 사람과도 화평을 이룰 수 있어야지요.

교회 직분의 상하 관계 속에서도 마찬가지입니다. 질서를 따라 순종과 섬김으로 화평을 좇았는지, 소속된 곳에서 사랑으로 하나 되었는지 점검해 봐야 합니다. 죽어지는 밀알과 같은 사람은 어디를 가든지 화평을 이룰 수 있습니다.

4) 하나님 나라를 위해 죽어져야 합니다

하나님 나라가 이루어지는 데 가장 중요한 것은 영혼 구원입니다. 예수님께서 십자가에 달려 죽으신 것도 수많은 영혼을 구원하시기 위함이었습니다. 그래서 주님은 승천하시면서 "예루살렘과 온 유대와 사마리아와 땅 끝까지 이르러 내 증인이 되리라"고 하셨지요(행 1:8).

하나님 나라를 이루는 데 가장 중요한 것은 무엇일까요?

이처럼 주님의 증인이 되어 복음을 전하며 많은 사람을 구원으로 인도할 때 하나님 나라가 크게 이루어집니다. 사람들을 전도하는 데도 많은 사랑의 수고가 따릅니다. 착한 행실로 하나님께 영광을 돌려야 그들이 은혜를 받고 빛이신 하나님을 찾기 때문이지요.

우리가 한 사람을 전도하기 위해서도 많은 시간과 물질과 정성을 투자해야 합니다. 전도된 영혼을 갈무리하는 것도 마찬가지이지요. 이러한 헌신과 사랑의 수고를 아끼지 않을 때 많은 영혼이 영적인 성장을 이루며 교회가 부흥할 수 있습니다.

주님의 십자가 사랑을 깨우친 사람은 이 사랑에 빚진 심정으로 전도와 영혼 갈무리하는 일을 수고롭게 여기지 않습니다. 자신의 것을 다 내어주고도 기뻐하며 자원함으로 헌신하는 것을 볼 수 있지요.

로마서 8장 17절에 "우리가 그와 함께 영광을 받기 위하여 고난도 함께 받아야 될 것이니라" 말씀한 대로 우리도 주님처럼 하나님의 나라를 위해 죽어져야 하겠습니다. 그리하여 죽어가는 많은 영혼을 구원하며 해와 같이 빛나는 영광의 자리에까지 이르시기 바랍니다.

Plus

'옛사람' vs '새사람'(골 3:9 ; 엡 4:24)

옛사람이란 죄로 인해 죽을 수밖에 없고 주 안에서 거듭나지 않아 비진리 가운데 행하는 사람을 가리킨다.
반면 새사람이란 예수 그리스도를 영접하여 성령을 선물로 받고 새롭게 태어난 사람을 말한다.
옛사람이 거듭나기 위해서는 '오직 심령으로 새롭게 되어 하나님을 따라 의와 진리의 거룩함으로 지으심을 받은 새사람을 입어야' 한다(엡 4:23~24).

Chapter 20

네가 나를 사랑하느냐

주님께서 수제자 베드로에게 당부하신 대로
영혼 구원에 힘쓰는 일꾼이 되게 한다.

읽을 말씀: 요한복음 21:15~17
… 요한의 아들 시몬아 네가 이 사람들보다 나를 더 사랑하느냐
하시니 가로되 주여 그러하외다 내가 주를 사랑하는 줄 주께서
아시나이다 가라사대 내 어린양을 먹이라 하시고 …

외울 말씀: 요한복음 6:53
예수께서 이르시되 내가 진실로 진실로 너희에게 이르노니
인자의 살을 먹지 아니하고 인자의 피를 마시지 아니하면
너희 속에 생명이 없느니라

참고 말씀: 요한복음 1:29
이튿날 요한이 예수께서 자기에게 나아오심을 보고 가로되 보라
세상 죄를 지고 가는 하나님의 어린양이로다

…주여 모든 것을 아시오매 내가 주를 사랑하는 줄을 주께서 아시나이다 예수께서 가라사대 내 양을 먹이라 요한복음 21:17

베드로는 예수님의 수제자이지만 성령 받기 전에 죽음의 위협 앞에서 예수님을 모른다고 세 번이나 부인하고 말았습니다. 예수님께서 제자들과 마지막 만찬을 하실 때에 "오늘 닭 울기 전에 네가 세 번 나를 부인하리라" 말씀하신 대로입니다. 십자가 처형을 당하신 후 부활하신 주님께서는 두려워하는 제자들에게 나타나 의심하지 않고 믿으며, 담대히 복음을 전파할 수 있도록 사랑의 대화를 나누셨습니다. 요한복음 21장에는 부활하신 주님께서 제자들에게 세 번째 나타나신 사건이 나오는데, 다시 만난 주님과 베드로 사이에는 어떤 대화가 있었을까요?

1. 네가 나를 사랑하느냐

갈릴리 바닷가에서 고기를 잡고 있던 일곱 명의 제자들이 부활하신 주님을 만나 함께 맞는 아침은 어느 때보다 행복했습니다. 예전에는 베드로에게 두려움이 있었으나 부활하신 주님을 만난 후에는 마음에서부터 믿음이 오고 진실한 사랑을 주고받을 수 있는 관계가 되었으니 얼마나 기뻤겠습니까.

아침 식사를 한 후 주님께서는 베드로에게 "요한의 아들 시몬아 네가 이 사람들보다 나를 더 사랑하느냐" 물으셨습니다. 이는 시몬에게 질문한 것이지만 그리스도를 영접하여 믿음의 반석 위에 선 모든 사람들, 곧 하나님께서 인정하시는 많은 주의 종들과 일꾼들에게 물으신 것입니다.

주님께서는 세 번이나 "네가 나를 사랑하느냐" 물으셨습니다. 어떤 사람은 전에 베드로가 주를 세 번 모른다고 부인했기 때문에 그에 대해 경고한 것이라고 말합니다. 하지만 주님은 이미 회개하고 돌이킨 일로 상대의 마음을 찌르시는 분이 아닙니다.

주님께서 베드로에게 세 번 같은 질문을 하신 이유는 무엇일까요?

베드로가 주님을 얼마나 사랑하는지 잘 아시지만 입술로 고백하게 함으로 온전히 마음에 새기게 한 것입니다.

마가복음 12장 30절에 "네 마음을 다하고 목숨을 다하고 뜻을 다하고 힘을 다하여 주 너의 하나님을 사랑하라" 하신 말씀대로 하나님을 첫째로 사랑하라는 뜻이 담겨 있습니다.

2. 내 어린양을 먹이라

부활하신 주님의 첫 번째 질문에 대해 베드로가 "주여 그러하외다 내가 주를 사랑하는 줄 주께서 아시나이다" 답변합니다. 그러자 주님께서는 "내 어린양을 먹이라" 말씀하십니다.

성경에서
'양'과 '어린양'이
무엇을 의미하는지
알고 있나요?

여기서 어린양이란 무엇을 의미할까요? 혹자는 하나님께서 성도를 양이라고 표현하셨으니 어린양은 초신자를 의미한다고 말합니다. 이는 하나님의 말씀을 문자적으로 해석했기 때문입니다. 성경을 자세히 살펴보면 어린양은 예수님을 의미한다는 것을 알 수 있습니다.

요한복음 1장 29절에 세례 요한이 예수님을 가리켜 "세상 죄를 지고 가는 하나님의 어린양"이라 표현했지요. 레위기에는 어린양을 제물로 드리는 장면이 곳곳에 나옵니다. 어린양은 영적으로 온 인류의 죄를 대속하기 위해 화목제물로 오시는 예수님을 의미합니다.

출애굽기 12장 1~11절에도 '흠 없고 일 년 된 수컷으로 어린양을 취하여 불에 구워 먹으라'고 했습니다. 그런데 요한복음 6장 51~54절을 보면 예수님께서 "나는 하늘로서 내려온 산 떡이니 사람이 이 떡을 먹으면 영생하리라 나의 줄 떡은 곧 세상의 생명을 위한 내 살이로라 … 인자의 살을 먹지 아니하고 인자의 피를 마시지 아니하면 너희 속에 생명이 없느니라 내 살을 먹고 내 피를 마시는 자는 영생을 가졌고 마지막 날에 내가 그를 다시 살리리니" 했습니다.

바로 어린양인 예수님의 살을 먹고 예수님의 피를 마셔야만 구원을 받아 영생을 얻게 된다는 말씀입니다. 예수님은 '말씀이 육신이 되어 오신 분'입니다(요 1:14). 따라서 예수님의 살을 먹고 예수님의 피를 마신다는 것은 곧 하나님의 말씀을 마음에 잘 양식 삼고 그것을 지켜 행하는 것을 의미합니다.

"내 어린양을 먹이라"는
주님의 말씀은
무슨 뜻일까요?

결론적으로, 주님께서 베드로에게 "내 어린양을 먹이라" 하신 것은 주님의 살과 피 곧 진리인 성경 66권의 말씀을 먹이라는 의미입니다. 바로 복음을 전하라는 뜻이지요.

3. 내 양을 치라

주님께서는 다시 "요한의 아들 시몬아 네가 나를 사랑하느냐" 물으십니다. 이때도 베드로는 동일하게 "주여 그러하외다 내가 주를 사랑하는 줄 주께서 아시나이다" 대답하지요.

그러자 이번에는 주님께서 베드로에게 "내 양을 치라" 말씀하셨습니다. 우리가 하나님을 사랑하여 기도하며 죄를 싸워 버리고 계명을 지키기 위해 열심히 달려가면 하나님께서 인정하시는 일꾼이 됩니다.

그럴 때 주님께서는 “내 양을 치라”고 하십니다.

여기서 양은 누구를 의미하는 것일까요? 베드로전서 5장 2~3절에 “너희 중에 있는 하나님의 양 무리를 치되 부득이함으로 하지 말고 오직 하나님의 뜻을 좇아 자원함으로 하며 더러운 이를 위하여 하지 말고 오직 즐거운 뜻으로 하며 맡기운 자들에게 주장하는 자세를 하지 말고 오직 양 무리의 본이 되라” 말씀하셨습니다. 즉 양이란 하나님의 자녀 된 성도를 가리킨다는 것을 알 수 있지요.

그러므로 “내 양을 치라”는 말씀은 성도들을 열심히 심방하고 말씀을 가르쳐 주며 기도하여 진리 가운데 인도해 주라는 뜻입니다. 맡겨진 양 떼에게 꼴을 잘 먹여서 예수 그리스도를 더 밝히 알고 믿음이 성장하도록 해 주며 또 시험 환난을 피할 수 있도록 말씀으로 알려 주고 기도해 주는 것을 의미합니다.

“내 양을 치라”는
주님의 말씀에 담긴 의미는
무엇일까요?

당시에는 교회라는 특정한 건물이나 양 떼가 없었으므로 예수님의 제자들은 돌아다니며 복음을 전해서 교회를 세우고 양 떼를 만들어 갔습니다.

오늘날은 교회를 세워 양 무리를 구원의 길로 인도하면서 정성껏 갈무리하는 경우가 많습니다. 주의 종뿐 아니라 장로, 집사, 교사 등 직분을 받아 양 무리를 치는 사람들도 하나님을 첫째로 사랑함으로 영혼을 사랑하며 넘어진 양 떼를 일으켜 주고 치료해 주는 등 바른 길로 인도해 주어야 합니다. 이렇게 열심과 의욕을 가지고 성령 충만한 가운데 최선을 다하며 사명을 감당하는 것이 곧 양을 치는 것입니다.

4. 내 양을 먹이라

주님께서 세 번째로 "네가 나를 사랑하느냐" 질문하시자 시몬 베드로는 근심하여 "주여 모든 것을 아시오매 내가 주를 사랑하는 줄을 주께서 아시나이다"라고 대답합니다. 주님께서는 그 고백을 들으시고 "내 양을 먹이라" 부탁하십니다.

베드로가 근심한 것은 어떤 악한 마음이나 서운한 마음이 들어서 그런 것이 아니었습니다. 자신이 주님을 사랑한다고 고백했고 중심에서 주님을 사랑하는 줄을 주님이 아시지만 자신의 부족함을 스스로 인정할 수밖에 없었기 때문입니다.

주님께서 베드로에게 "내 양을 먹이라"고 당부하셨는데 과연 무슨 뜻일까요?

"내 양을 먹이라"는 주님의 말씀은 무슨 뜻일까요?

예수 그리스도를 영접한 사람 중에는 믿음이 잘 성장하는 사람이 있는가 하면 그렇지 못한 경우도 많습니다. 변화가 더디고 시험에 드는 사람도 있습니다.

이런 사람들을 더 큰 사랑과 섬김으로 돌보는 것이 양을 먹이는 것입니다. 병들고 상한 양을 치료하여 건강한 양으로 만들고, 길 잃은 양을 바른 길로 인도해 주는 것이지요.

또한 진리 안에서 바로 서지 못하고 당을 짓고 시기 질투를 일삼는 등 목자를 시험하는 양도 하나님 지혜와 능력을 힘입어 생명의 양식을 먹임으로 순한 양으로 만들어가는 것입니다. 하나님을 첫째로 사랑하면 양을 먹일 수 있는 능력이 하늘로부터 임하여 하나님을 사랑하는 양으로 변화시킬 수 있습니다.

이처럼 주님께서는 세 번에 걸쳐 "내 어린양을 먹이라", "내 양을 치라", "내 양을 먹이라"고 부탁하시며 그 중요성을 명심하게 하셨습니다. 그러니 베드로처럼 주님의 사랑과 인정을 받으며 더욱 믿음과 순종, 겸손과 섬김으로 주어진 사명을 능력 있게 감당해야 하겠습니다.

Plus

'천국 열쇠를 받은 베드로'

예수님께서 제자들에게 "너희는 나를 누구라 하느냐" 물으셨을 때 베드로는 "주는 그리스도시요 살아 계신 하나님의 아들이시니이다"라고 믿음의 고백을 한다.

예수님은 베드로의 믿음을 의로 여기고 그가 무엇이든지 땅에서 매면 하늘에서도 매이며 땅에서 풀면 하늘에서도 풀리리라며 천국 열쇠를 주셨다(마 16:19).

베드로는 성령을 받고 권능을 받아 생명 다해 주님을 증거하다가 십자가에 거꾸로 매달려 순교한다.

Chapter 21

성령의 열매를 맺자

하나님의 자녀로서 성령의 열매를 풍성히 맺고
신앙의 최종 목적지인 새 예루살렘 성에 들어가게 한다.

읽을 말씀: 갈라디아서 5:16~26

내가 이르노니 너희는 성령을 좇아 행하라 그리하면 육체의 욕심을 이루지 아니하리라 … 너희가 만일 성령의 인도하시는 바가 되면 율법 아래 있지 아니하리라 …

외울 말씀: 갈라디아서 5:22~23

오직 성령의 열매는 사랑과 희락과 화평과 오래 참음과 자비와 양선과 충성과 온유와 절제니 이 같은 것을 금지할 법이 없느니라

참고 말씀: 히브리서 12:14

모든 사람으로 더불어 화평함과 거룩함을 좇으라 이것이 없이는 아무도 주를 보지 못하리라

너희가 만일 성령의 인도하시는 바가 되면 율법 아래 있지 아니하리라 갈라디아서 5:18

우리가 신앙생활을 오래했다거나 성경을 지식적으로 많이 안다고 해서 믿음이 크다 할 수는 없습니다. 얼마나 진리의 마음으로 변화되었는지, 얼마나 주님의 마음을 닮았는지에 따라 믿음의 분량이 결정되지요. 이렇게 믿음의 크고 작음을 분별할 수 있는 기준이 팔복, 사랑장, 성령의 열매와 같은 말씀입니다. 이 말씀들을 통해 신앙의 최종 목적지인 '새 예루살렘 성'에 얼마나 가까이 왔는지 점검해 볼 수 있습니다. 과연 성령의 열매란 무엇일까요?

1. 성령의 아홉 가지 열매

씨를 심었을 때 싹이 나고 자라 꽃을 피우면서 맺게 되는 결과물이 바로 열매입니다. '성령의 아홉 가지 열매'는 예수 그리스도를 영접한 후 성령 받은 하나님의 자녀가 영적 성장을 통해 맺어가는 열매입니다.

1) 사랑의 열매

사랑에는 육적인 사랑과 영적인 사랑이 있습니다. 육적인 사랑은 자기의 유익을 구하고 언젠가는 변질되는 사랑입니다. 반면 영적인 사랑은 상대의 유익을 구하며 어떤 상황에서도 변함없는 사랑입니다.

영적인 사랑은 고린도전서 13장 4~7절에 잘 나와 있습니다.

"사랑은 오래 참고 사랑은 온유하며 투기하는 자가 되지 아니하며 사랑은 자랑하지 아니하며 교만하지 아니하며 무례히 행치 아니하며 자기의 유익을 구치 아니하며 성내지 아니하며 악한 것을 생각지 아니하며 불의를 기뻐하지 아니하며 진리와 함께 기뻐하고 모든 것을 참으며 모든 것을 믿으며 모든 것을 바라며 모든 것을 견디느니라"

사랑장의 '사랑'과 성령의 열매의 '사랑'은 어떤 차이가 있나요?

성령의 열매에 나오는 '사랑'은 고린도전서 13장에 나오는 '사랑'보다 차원이 높습니다. 예수님처럼 자기 생명까지 줄 수 있는 희생이 포함된 사랑입니다. 이 '사랑의 열매'를 맺으면 나를 미워하는 원수를 위해서도 생명을 줄 수 있습니다.

2) 희락의 열매

희락은 단순히 기뻐하고 즐거워하는 것이 아니라, 어떤 상황과 조건 속에서도 항상 기뻐하고 즐거워하는 것을 말합니다. 어렵고 힘든 일이 생겼을 때, '지금 내가 중심에서 기뻐하고 있는가' 점검해 보시기 바랍니다. 그때 희락의 열매가 얼마나 맺혔는지 알 수 있지요.

우리는 주님의 보혈로 구원받은 은혜만 해도 항상 기뻐하기에 충분합니다. 영원히 지옥에 떨어질 수밖에 없었는데 주님의 은혜로 행복 가득한 천국에 가게 되었으니 항상 희락이 넘쳐야 하는 것입니다.

3) 화평의 열매

화평의 열매가 맺히려면 어떻게 해야 할까요?

화평이란 내가 옳아도 상대에게 맞춰 주고, 믿음이 작은 사람의 마음에 여유를 줄 수 있는 마음입니다. 진리 안에서 이것도 저것도 가한 융통성 있고, 모든 사람의 유익을 좇으며 편벽되이 치우치지 않는 마음입니다.

화평의 열매를 맺으려면 먼저는, 하나님과 화평해야 합니다.

그러기 위해서는 하나님과 죄의 담이 없어야 합니다. 진리대로 행하면 하나님과 화평을 이루므로 담대합니다. 그런데 어떤 경우는 사람들과 화평하기 위해 하나님과 화평을 깹니다. 우상 앞에 절을 하거나 주일에 결혼식에 가서 먹고 마시며 즐깁니다. 이는 잠시 사람들과 화평을 이루는 것 같지만 영적으로는 하나님 앞에 죄의 담을 만들어 화평을 깨뜨린 것입니다.

다음은 자신과 화평을 이루어야 합니다.

악은 모든 모양이라도 버릴 때, 진리를 좇아갈 때 자신과 화평을 이룰 수 있습니다. 이렇게 하나님과 화평을 이루고 자신과 화평이 이루어지면 모든 사람과도 화평할 수 있습니다.

4) 오래 참음의 열매

영적인 오래 참음은 악으로 참는 것이 아니라, 선으로 참는 것이며, 참는다는 말 자체가 필요 없는 참음을 말합니다. 애매히 욕을 받았을 때, 자존심이 상하고 억울하지만 '하나님 말씀이니까 참아야지.' 하면서 억지로 참는다면 영적인 오래 참음이 아닙니다.

영적인 오래 참음에는 먼저 '마음을 개조하기 위한 오래 참음'이 있습니다. 마음을 진리로 일구기 위해 오래 참으며 악을 버려 나가는 것이지요.

영적인
오래 참음에는
구체적으로
무엇이 있을까요?

다음은 '사람 사이의 오래 참음'이 있습니다. 이는 상대가 내 생각, 성격에 맞지 않더라도 항상 선으로 이해하고 참는 것입니다.

마지막으로 '하나님과의 사이에 오래 참음'이 있습니다. 이는 응답받기 위한 오래 참음으로, 하나님께서 가장 좋은 때 응답해 주실 것을 믿음으로 참는 것입니다.

5) 자비의 열매

자비는 사람으로서는 도저히 이해할 수 없고 용서할 수 없는 사람도 진리 안에서 능히 이해하고 용서하는 마음입니다. 자비의 마음이 임하면 중한 죄를 지은 사람이라 할지라도 정죄하기보다는 긍휼의 마음이 앞섭니다. 죄는 미워하되 사람은 미워하지 않고 상대를 이해해 주며 어찌하든 그를 살리고자 하지요.

예수님은 가룟 유다가 배신할 것을 처음부터 아셨지만 아낌없이 사랑을 주셨습니다. 끝까지 그를 곁에 두시고 다른 제자들과 똑같이 대하셨습니다. 그가 회개할 수 있도록 계속 기회를 주셨지요. 이처럼 도무지 용서할 수 없는 사람도 능히 용서하는 마음이 자비입니다.

6) 양선의 열매

양선은 진리 안에서 선을 좇아 행하는 마음입니다. 즉 성령의 소욕을 좇아 선을 추구하는 마음이지요. 그런데 선을 추구하는 마음만 간절하다고 양선의 열매를 맺었다고 할 수는 없습니다. 선을 간절히 사모하는 그 마음이 행함으로 드러나야 '열매'가 맺혔다 할 수 있지요.

마태복음 12장 35절에 "선한 사람은 그 쌓은 선에서 선한 것을 내고" 말씀한 대로 진정 선을 추구하는 사람은 외면적으로도 자연스럽게 선이 배어 나옵니다.

양선의 열매가 맺힌 사람의 모습은 어떠할까요?

향수를 뿌린 사람에게서 좋은 향기가 나듯이 양선한 사람에게서도 그리스도의 향기가 납니다. 마치 누군가가 발목을 붙잡고 끌어당기는 것처럼 선을 택하지 않고서는 견딜 수 없기에 범사에 선한 것을 택해 나갑니다.

7) 충성의 열매

급여를 받는 직원이 자신의 업무를 완수했다고 해서 충성했다고 하지는 않습니다. 자기 시간과 물질을 아끼지 않고 사랑을 가지고 최선을 다해 넘치도록 했다면 충성했다고 합니다. 무엇보다도 중요한 것은 영적인 충성, 곧 '마음의 할례'입니다.

영적인 충성이란 무엇을 말할까요?

요한계시록 2장 10절에 "죽도록 충성하라" 했는데, 이는 단순히 육의 목숨을 다하기까지 충성하라는 의미가 아닙니다. 하나님 말씀을 생명 다해 이루라는 말씀입니다.

그러므로 하나님께서 인정하시는 충성을 하려면 반드시 영적인 충성을 겸해야 합니다. 마음의 할례를 하면서 모든 분야에서 두루 충성할 때 온 집에 충성했다고 인정받을 수 있습니다. 즉 가정, 직장, 학교, 교회 구성원으로서, 사명자로서 본분을 다해야 하는 것입니다.

8) 온유의 열매

영적인 온유함은 온화하고 부드러운 성품에 덕이 겸해져 있는 것을 말합니다. 덕이 있으면 항상 유순하기만 한 것이 아니라 반듯하고 위엄이 있습니다. 온유한 사람은 솜털같이 포근합니다. 상대가 부딪쳐 와도 혈기를 내거나 불편해하지 않습니다. 오히려 상대의 입장에서 생각하며 이해해 주지요. 그러니 많은 사람이 편안함을 느끼고 쉼을 얻습니다.

"온유한 자는 복이 있나니 저희가 땅을 기업으로 받을 것임이요" 했습니다(마 5:5). 이는 이 세상에서 땅을 받는다는 뜻이 아니라 천국에서 넓은 땅을 받는다는 것입니다. 이 땅에서 자기 안에 깃들였던 모든 영혼들을 초청하여 함께할 만큼 큰 처소를 상급으로 받게 되지요. 천국에서 큰 처소를 얻었다면 그만큼 영화로운 지위에 있다는 뜻입니다.

9) 절제의 열매

절제는 마음에 임한 덕목들이 겉으로 드러날 때 조화롭게 어우러지게 하는 역할을 합니다. 주 안에서 무엇이든 풍성해야 좋을 것 같지만 지나치면 부족한 것보다 못할 수도 있지요.

절제의 열매가 맺히면 기분 내키는 대로 하지 않고 질서를 좇아 가장 적당한 선에서 절제를 합니다. 절제의 열매는 다른 성령의 열매들을 아름답게 조절해 줍니다. 성령의 아홉 가지 열매를 온전히 맺음으로 아름다운 천국 새 예루살렘 성의 주인공이 되시기 바랍니다.

Plus

'절제의 열매'가 맺힐 때 나타나는 증거

1. 항상 질서를 좇아 행한다.
2. 진리를 행할 때 대상과 시기, 장소를 고려할 줄 안다.
3. 조급해하지 않고 침착하며 일의 전후를 분별하여 대응한다.

Chapter 22

온 집에 충성한 모세

출애굽의 지도자 모세처럼
온 집에 충성하는 영적 장수가 되게 한다.

읽을 말씀: 민수기 12:3, 7
이 사람 모세는 온유함이 지면의 모든 사람보다 승하더라
내 종 모세와는 그렇지 아니하니 그는 나의 온 집에 충성됨이라

외울 말씀: 민수기 12:7
내 종 모세와는 그렇지 아니하니 그는 나의 온 집에 충성됨이라

참고 말씀: 출애굽기 32:32
그러나 합의하시면 이제 그들의 죄를 사하시옵소서 그렇지 않사오면
원컨대 주의 기록하신 책에서 내 이름을 지워 버려 주옵소서

내 종 모세와는 그렇지 아니하니 그는 나의 온 집에 충성됨이라 민수기 12:7

모세는 애굽에서 노예로 학대받는 이스라엘 백성을 이끌어낸 출애굽의 지도자입니다. 그는 조금만 어려움이 와도 불평을 일삼고 원망하는 백성들을 아비의 심정으로 늘 마음에 품고 놓지 않았습니다. 믿음이 없는 백성이기에 한시도 마음 편할 날이 없었지만 모세는 이들을 자신의 생명보다 더 사랑하며 하나님의 온 집에서 사환으로 충성하였습니다.

1. 모세의 출생과 시대적 배경

이스라엘 백성이 거한 가나안 땅에 기근이 심해 먹을 양식이 떨어지자 야곱과 그의 일가족은 애굽으로 이주하게 됩니다. 거기는 야곱의 아들 요셉이 총리로 있어 양식을 걱정하지 않아도 되었기 때문입니다.

그들은 애굽의 고센 땅에서 목축업을 하며 살았습니다. 이주 당시

70명에 불과했던 야곱의 혈속은 갈수록 번성해 갔습니다. 세월이 흘러 요셉과 그 시대 사람들이 다 죽고 요셉을 모르는 사람이 왕위에 올랐습니다.

출애굽기 1장을 보면 새 왕은 “이 백성 이스라엘 자손이 우리보다 많고 강하도다 … 두렵건대 그들이 더 많게 되면 전쟁이 일어날 때에 우리 대적과 합하여 우리와 싸우고 이 땅에서 갈까 하노라” 하고 이스라엘 자손을 노예로 부리며 심히 학대합니다. 그런데도 이스라엘이 더욱 번성하니 새 왕 바로는 이스라엘 백성 중에 태어나는 남자 아이는 모두 죽이라는 명령을 내립니다.

출애굽기 2장 10절을
다 함께 찾아
읽어볼까요?

모세는 이런 암울한 시대에 태어났습니다. 그의 부모는 석 달간 모세를 숨겨 키우지만 더 이상 숨길 수 없게 되자 갈대 상자에 넣어 강물에 띄웁니다.

마침 목욕하러 나온 공주가 그 상자를 발견하고, 상자 속의 아이를 불쌍히 여겨 양자로 삼습니다. 하나님 은혜로 모세의 친어머니가 유모로 추천되고, 공주는 아이를 데려다가 젖을 먹이며 키우게 합니다.

그래서 모세는 어린 시절에 친어머니에게 히브리 민족과 하나님에 대해 배웠고, 애굽 왕궁에서 공주의 아들로서 최고의 교육을 받으며 성장했습니다. 마음 한 편에는 항상 친어머니로부터 들은 하나님과, 애굽 땅에서 고통 받는 자기 민족에 대한 연민이 떠나지 않았지요.

2. 광야에서 40년 연단의 세월을 보낸 모세

출애굽기 2장을 보면 어느 날 모세는 애굽 사람이 자기 민족인 히브리 사람을 때리는 것을 보고 의분이 일어나 그를 쳐 죽이고 맙니다. 그런데 다음 날 히브리 사람끼리 싸우는 것을 보고 모세가 잘못한 사람에게 "네가 어찌하여 동포를 치느냐" 하며 말렸더니 오히려 "네가 애굽 사람을 죽임같이 나도 죽이려느냐" 합니다.

모세는 애굽인을 죽인 것이 탄로났다는 사실을 알고 애굽에서 도망쳐 나옵니다. 만일 모세가 자기 안일만 생각했다면 동족이 고통당하는 것을 보고도 자신에게 해가 미칠까봐 모른 체했을 것입니다. 그러나 모세는 자기 민족인 하나님의 백성과 함께 고난받는 것을 더 좋아했습니다(히 11:25).

히브리서 11장에 나오는
믿음의 사람
모세에 대해 말해 보세요.
(히 11:24~26)

모세는 왕궁을 떠나 미디안 광야로 도망가 그곳에서 미디안 제사장의 딸과 결혼하여 양 무리를 치면서 살게 됩니다. 왕자로서의 자존심이나 자신감도 사라지고 점점 평범한 양치기의 생활에 적응해 갔습니다.

광야생활이 적응되자 마음의 연단이 찾아왔습니다. 자신은 가진 자 같았으나 막상 현실에서는 아무것도 없다고 생각하니 인생의 허무함이 느껴졌지요. 광야에서 양을 치며 40년이라는 세월을 보내면서 자신은 아무것도 할 수 없음을 철저히 깨달았습니다. 자기 의분에 못 이겨 사람을 쳐 죽였던 모세가 이처럼 낮아질 수 있었던 것은 바로 연단이 있었기 때문입니다.

> 하나님께서는
> 모세가 철저히 낮아졌을 때
> 어떠한 사명을 주셨나요?

육적으로 보면 모세는 하나님의 역사를 이루는 데 있어 쓸모없는 사람이 된 것 같지만 하나님은 왕자로서 당당한 모세가 아니라 철저히 낮아진 모세를 원하셨습니다.

여러 해 후에 애굽 왕은 죽었고, 고역으로 인하여 부르짖는 이스라엘 자손의 소리가 하나님께 상달되었습니다. 출애굽기 3장을 보면 하나님께서는 자기를 온전히 비운 모세를 불러 출애굽의 지도자로 세우고 큰 사명을 주십니다.

3. 온유함이 지면의 모든 사람보다 승한 모세

온유한 사람은 어떤 상황에서도 누구와도 걸리지 않고 모든 사람과 더불어 화평합니다. 자기 생각과 교양에 맞지 않아도 품어 주지요. 믿음이 연약하고 악을 발하는 사람도 외면하지 않고 끝까지 변화될 것을 바라며 기다려 줍니다.

출애굽의 지도자 모세는 장정만 해도 60만 명에 이르는 이스라엘 백성을 출애굽시켜 가나안 땅으로 가는 40년 동안 많은 어려움을 겪습니다. 백성들은 하나님께서 모세와 함께하시는 수많은 기사와 표적을 보면서도 불평하고 원망하기 일쑤였습니다. 그러다가 하나님의 뜻을 거스르고 범죄함으로 마침내 멸망당할 위기에 처합니다. 이때 모세의 온유함이 얼마나 승하였는지가 성경에 잘 나와 있습니다.

출애굽기 32장을 보면 모세가 하나님의 계명을 받기 위해 시내산에 올라가서 더디 내려오자 이스라엘 백성들이 송아지 형상의 우상을 만들어 신으로 섬기며 방탕히 먹고 마시며 뛰놀았습니다. 그러자 하나님께서 얼마나 진노하셨던지 백성들을 진멸하겠다고 하십니다.

이때 모세는 "이 백성이 자기들을 위하여 금신을 만들었사오니 큰 죄를 범하였나이다 그러나 합의하시면 이제 그들의 죄를 사하시옵소서 그렇지 않사오면 원컨대 주의 기록하신 책에서 내 이름을 지워 버려 주옵소서"라고 간절한 중보 기도를 올립니다(출 32:31~32).

모세는 생명책에서 자기 이름이 지워질지라도, 즉 지옥에 떨어질지라도 백성들을 구원해 달라고 하나님께 매달렸습니다. 자기 생명을 담보로 멸망당할 위기에 처한 백성을 구해 달라고 했던 것입니다.

모세의 공의를 뛰어넘는 사랑의 간구에 하나님께서는 뜻을 돌이키시지요. 모세는 자신을 미워하고 원망하는 자들이라 할지라도 생명을 줄 수 있는 최고의 선으로 품었습니다.

민수기 12장 3절을
다 함께 찾아
읽고 외워 볼까요?

4. 온 집에 충성한 모세

'충성'이란 주어진 사명을 온전히 감당함은 물론이요, 맡겨진 직무 이상을 넉넉히 감당해 내는 것을 말합니다. 나아가 '온 집에 충성'이란 자기가 속한 교회뿐만 아니라 가정, 학교, 일터, 사업터 등 주어진 모든 분야에서 충성하는 것이지요.

이처럼 온 집에 충성하기 위해서는 자신의 마음과 정성, 시간과 물질까지도 아끼지 않고 기꺼이 희생할 수 있어야 합니다.

모세는 하나님의 온 집에서 어떠한 모습으로 충성했나요?

히브리서 3장 5절에 "모세는 장래에 말할 것을 증거하기 위하여 하나님의 온 집에서 사환으로 충성하였고" 했습니다. 모세가 얼마나 자신을 낮추어 맡은 사명을 온전히 감당했는지를 알 수 있지요.

당시 모세의 사명은 이스라엘 백성을 출애굽시켜 가나안 땅으로 인도하는 것이었습니다. 그런데 조금만 어려움이 오면 모세를 원망하고 대드는 백성들을 가나안 땅으로 인도하여 들이는 것은 쉽지 않은 일이었지요.

백성의 지도자가 되면 그만큼 져야 할 짐도 많고 심리적으로 압박감이 크게 다가옵니다. 하지만 모세는 책임을 회피하거나 사명을 포기하지 않았고, 어떠한 어려움이 와도 하나님을 믿음으로 난관을 뚫어

나갔습니다. 아비와 같은 마음으로 백성들을 품었고, 그들이 하나님께서 원하시는 백성이 되도록 최선을 다해 이끌어 갔습니다.

이스라엘 백성들을 애굽에서 이끌어 낸 날부터 생명이 다하기까지 모세는 단 한순간도 편히 지낸 적이 없었습니다. 모세가 백성들로 인해 흘린 눈물과 그들을 위해 올렸던 애통의 기도는 말로 다 표현할 수가 없지요. "이 백성들을 저버리지 마시고 하나님의 뜻 가운데 인도해 주시라"고 늘 간절히 기도했던 것입니다.

여러분은 혹여 '사명이 무겁고 너무 힘들다. 사명을 놓고 싶다.'는 생각을 한 적은 없습니까? 이스라엘 백성을 애굽에서 이끌어낼 때부터 자신의 생명이 다할 때까지 최선을 다했던 모세를 생각해 보십시오.

온 집에 충성하고도 열매가 적다며 민망히 여기는 모세의 마음을 닮아 하나님이 기뻐하시는 충성된 영의 일꾼으로 나와야 하겠습니다.

Plus

'모세의 선'

1. 죄악의 낙을 누리는 것보다 하나님의 백성과 고난받는 것을 택했다.
2. 연단 중에도 하나님을 믿으며 모든 것에 중심에서 감사했다.
3. 지면의 모든 사람보다 온유함이 승했다.
4. 온 집에 충성했다.

Chapter 23

의를 위해 핍박받은 사도 바울

이방인의 사도로서 세계 선교의 초석이 된
사도 바울을 통해 참 믿음이 무엇인지 깨닫게 한다.

읽을 말씀: 고린도후서 11:23~27

저희가 그리스도의 일꾼이냐 정신없는 말을 하거니와 나도 더욱 그러하도다 내가 수고를 넘치도록 하고 옥에 갇히기도 더 많이 하고 매도 수없이 맞고 여러 번 죽을 뻔하였으니 …

외울 말씀: 디모데후서 4:8

이제 후로는 나를 위하여 의의 면류관이 예비되었으므로 주 곧 의로우신 재판장이 그날에 내게 주실 것이니 내게만 아니라 주의 나타나심을 사모하는 모든 자에게니라

참고 말씀: 로마서 9:3

나의 형제 곧 골육의 친척을 위하여 내 자신이 저주를 받아 그리스도에게서 끊어질지라도 원하는 바로라

이 외의 일은 고사하고 오히려 날마다 내 속에 눌리는 일이 있으니 곧 모든 교회를 위하여 염려하는 것이라 고린도후서 11:28

사도 바울은 한 번 받은 주님의 은혜에 대한 감사가 어떠한 상황에서도 변하지 않았습니다. 아무리 심한 고난과 핍박을 받는다 할지라도 주님께 감사하는 마음의 향은 날이 갈수록 더욱 진해졌지요. 주님의 마음을 닮아 상대를 위해 자신의 생명도 기꺼이 내어줄 수 있었습니다. 그리하여 신약 시대 최고의 사도로서 권능을 베풀며 이방인 선교에 앞장섰을 뿐만 아니라, 마침내는 순교에까지 이르렀습니다.

1. 주님을 만나 회심한 사도 바울

사도 바울은 히브리인 중에 히브리인이요, 당대 최고 가말리엘 문하에서 수학하였으며 율법에 정통한 바리새인이었습니다.

독실한 유대교 신자였던 그는 하나님께 대한 마음이 대단했습니다. 자기 의가 아주 강하여 자신이 가진 지식과 의로써 변론하며 지지 않으려는 성품이었기에 예수님이 하나님의 아들이며, 구세주라고 전파하는 사람들을 용납하지 못했지요. 마치 모세와 율법을 무시하는 것 같아 예수 믿는 사람들을 핍박하였습니다. 그러나 주님을 만난 후, 이방인의 사도가 되어 예수 그리스도를 전하는 놀라운 역사가 일어납니다.

사도 바울은 어떻게 주님을 만났을까요?

어느 날, 바울은 예수 믿는 사람들을 잡으러 다메섹으로 가고 있었습니다. 그런데 갑자기 하늘로서 빛이 바울을 둘러 비추더니 "사울아! 사울아! 네가 어찌하여 나를 핍박하느냐, 나는 네가 핍박하는 예수라!" 하시지요. 사울은 바울의 옛 이름입니다.

그 후 바울은 사흘 동안 보지 못하고 식음을 전폐합니다. 주님의 제자 아나니아가 와서 안수하자 볼 수 있었지요. 그는 아나니아를 통해 앞으로 자신이 예수 그리스도를 이방인과 임금들과 이스라엘 자손들에게 전하기 위해 선택된 종이라는 것을 알게 됩니다. 전에는 예수 믿는 사람을 결박하고 잔해하던 자였는데 이제는 주 안에서 새 사람이 된 것입니다. 오히려 유대인들에게 복음을 전파하는 삶으로 온전히 바뀌었지요.

2. 숱한 고난과 핍박 속에서도 오직 감사했던 사도 바울

바울은 죄인들을 구원하시려고 십자가에 달려 죽으신 예수님의 크신 사랑을 깨닫게 되자 자신이 마치 '죄인 중에 괴수'처럼 여겨졌습니다. 자신의 모든 허물과 죄를 용서하시고 귀한 사명까지 주신 주님의 은혜에 너무 감사했지요. 그 어떤 모진 핍박과 어려움을 당해도 주를 향한 마음이 변함이 없었습니다.

고린도후서 11장 23~27절을 보면 사도 바울이 복음을 전하면서 어떠한 고난을 당했는지 구체적으로 알 수 있습니다.

"내가 수고를 넘치도록 하고 옥에 갇히기도 더 많이 하고 매도 수없이 맞고 여러 번 죽을 뻔하였으니 유대인들에게 사십에 하나 감한 매를 다섯 번 맞았으며 세 번 태장으로 맞고 한 번 돌로 맞고 세 번 파선하는 데 일주야를 깊음에서 지냈으며 여러 번 여행에 강의 위험과 강도의 위험과 동족의 위험과 이방인의 위험과 시내의 위험과 광야의 위험과 바다의 위험과 거짓 형제 중의 위험을 당하고 또 수고하며 애쓰고 여러 번 자지 못하고 주리며 목마르고 여러 번 굶고 춥고 헐벗었노라"

사도 바울은
숱한 고난과 핍박을 받을 때
어떤 마음이었을까요?

이처럼 사도 바울은 죽도록 충성하며 많은 고난을 받았지만 주님을 향한 사랑은 더욱 짙어질 뿐이었습니다. 아무리 어렵고 힘든 상황에서도 낙심하거나 원망하지 않았고, 감옥에 갇혔다 해도 오히려 기뻐하고 감사하며 앞의 푯대를 향해 달려갈 수 있는 채찍질로 여겼지요.

또한 영혼을 구원하며 하늘에 많은 상급을 쌓을 뿐 아니라, 주님의 십자가 사랑을 깨닫고 은혜를 갚을 수 있는 기회를 주심에 마음 중심에서 감사했습니다.

혹여 여러분은 고난이라고도 할 수 없는 작은 어려움에도 이내 절망하고 낙심하지는 않습니까? 하나님의 나라에 충성하고 모든 것을 드리기까지 헌신했는데 원하는 대로 축복이 임하지 않을 때 슬퍼하지는 않았는지요? 스스로 실망하여 '나는 사랑을 받지 못하는 사람인가 보다.' 하는 육신의 생각으로 많은 분야에서 포기해 버리지는 않았는지요?

하나님께서
사람이 감당치 못할 시험을
허락하실까요?
(고전 10:13)

어떠한 상황에 처했다 할지라도 사도 바울처럼 나를 구원해 주신 주님의 은혜에 마음 중심에서 감사하며 작은 사명이라도 귀히 여기며 충성하시기 바랍니다.

3. 영혼 사랑이 승했던 사도 바울

사도 바울은 영혼 사랑이 얼마나 컸던지 빌립보서 1장 8절에 "내가 예수 그리스도의 심장으로 너희 무리를 어떻게 사모하는지 하나님이 내 증인이시니라" 했습니다.

그는 예수님이 십자가에 달려 고통당하시면서도 죄인들을 불쌍히 여기며 기도하셨던 것처럼, 모진 핍박과 환난을 당할 때도 오직 교회와 성도들을 염려하며 기도했습니다. 한 영혼이라도 더 구원에 이르도록, 성도들이 진리 안에 살도록 눈물로 훈계하며 간구하였지요. 복음을 받아들인 사람들뿐만 아니라, 복음을 배척하고 핍박하는 사람들에게도 마찬가지였습니다.

사도 바울에게 큰 근심과 마음의 고통이 왜 있었을까요?

로마서 9장 1~3절에 사도 바울의 고백이 나옵니다. "내게 큰 근심이 있는 것과 마음에 그치지 않는 고통이 있는 것을 내 양심이 성령 안에서 나로 더불어 증거하노니 나의 형제 곧 골육의 친척을 위하여 내 자신이 저주를 받아 그리스도에게서 끊어질지라도 원하는 바로라"

여기서 '나의 형제 곧 골육의 친척'이란 자기와 같은 유대인들과 바리새인들로서 바울을 핍박하고 훼방했던 사람들을 가리킵니다. 유대인 중에는 바울을 죽이기 전에는 먹지도 마시지도 않겠다고 동맹한 자들도 있었습니다. 그런데도 그는 자신이 구원받지 못할지언정 자신을 핍박하고 훼방하는 사람들이 구원받기를 원했지요.

"내 자신이 저주를 받아 그리스도에게서 끊어질지라도 원하는 바로라" 하며 자신이 저주를 받아 지옥에 떨어져도 영혼들을 구원하고자 하는 마음이 간절했습니다. 하나님의 계시를 받아 누구보다 지옥의 참담함과 무서움을 잘 알지만, 이처럼 담대히 고백할 수 있었던 것은 자신의 생명보다 영혼을 사랑하는 마음이 승하였기 때문입니다.

4. 천국 소망으로 가득 찼던 사도 바울

사도 바울은 숱한 고난과 핍박을 받으면서도 장차 주님을 뵈올 수 있다는 천국 소망으로 넘쳐났습니다. 이 세상 무엇도 주님과는 비할 수 없었기에 자신의 모든 것을 버리고 온전히 주를 위해 헌신하였습니다.

빌립보서 3장 7절 이하에는 "무엇이든지 내게 유익하던 것을 내가 그리스도를 위하여 다 해로 여길뿐더러 또한 모든 것을 해로 여김은 내 주 그리스도 예수를 아는 지식이 가장 고상함을 인함이라 내가 그를 위하여 모든 것을 잃어버리고 배설물로 여김은 그리스도를 얻고 그 안에서 발견되려 함이니"라고 고백했지요.

사도 바울은 주님께 받은 사명 곧 하나님의 은혜의 복음 증거하는 일에 생명을 아끼지 않았습니다. 행한 대로 갚아 주시는 하나님을 변함없이 믿으며 천국 소망 가운데 어떠한 핍박이 오더라도 기쁨과 감사함으로 승리하였습니다.

선한 싸움을 다 싸우고 참마음과 온전한 믿음을 이룬 자에게 예비된 면류관은 무엇인가요?

디모데후서 4장 7~8절에 "내가 선한 싸움을 싸우고 나의 달려갈 길을 마치고 믿음을 지켰으니 이제 후로는 나를 위하여 의의 면류관이 예비되었으므로 주 곧 의로우신 재판장이 그날에 내게 주실 것이니 내게만 아니라 주의 나타나심을 사모하는 모든 자에게니라" 하신 대로 오직 천국 소망으로 가득했습니다.

그는 주님을 만난 후 한 번도 주님의 은혜에 감사한 마음이 변하지 않았고 주님에 대한 뜨거운 사랑이 식지 않았습니다. 복음을 전하기 위해 죽도록 충성하고 종국에는 순교에 이를 때도 오직 감사뿐이었습니다.

'내 생애가 이렇게 마감되는구나!' 하고 착잡한 마음이나 회한이 든 것이 아니었고, 죽음의 두려움으로 인한 경직된 심정은 더더욱 아니었습니다. 오히려 너무도 보고 싶었던 주님을 이제 곧 뵈올 수 있다는 기쁨으로 가슴이 벅찼습니다.

사도 바울은 참마음과 온전한 믿음을 소유했기에 천국 소망으로 기쁨과 감사가 넘쳐났습니다. 자신에게 고난을 허락하시고 온전케 하시는 하나님의 사랑을 마음 깊이 감사했기에 연단을 통해 권능을 받고 대사도로서 수많은 영혼을 구원하며 하나님께 영광을 돌렸습니다.

주님의 사랑에 대한 은혜와 감사가 변치 않으며 천국 소망 가운데 죽도록 충성함으로 다시 오실 주님을 사모할 수 있기를 바랍니다.

Plus

'바울 서신'이란?

바울에 의해 쓰인 편지들로 신약 성경 27권 중 14권이 이에 해당한다. 즉 로마서, 고린도전 · 후서, 갈라디아서, 에베소서, 빌립보서, 골로새서, 데살로니가전 · 후서, 디모데전 · 후서, 디도서, 빌레몬서, 히브리서가 있다. 특히 에베소서, 빌립보서, 골로새서, 빌레몬서는 감옥에서 기록하였다 하여 옥중서신이라 한다.

사도 요한의 제자 폴리갑

서머나는 소아시아 서쪽 헬메안 만에 있는 도시로,
신약 시대에는 로마 식민지 중 하나였습니다.
일찍부터 유대인들이 정착하여 살았던 곳입니다.

그런데 이곳 역시 에베소와 마찬가지로
부유한 상업 도시로서 곳곳에 많은 제단을 세운,
우상과 황제 숭배의 중심지였습니다.

당시 서머나 사람들은 로마 황제를
주(큐리오스)라고 불렀으며, 세상에는
오직 한 명의 황제만 존재한다고 생각했습니다.

그러나 그리스도인들은 세상의 진정한 주권자는
로마 황제가 아닌 예수 그리스도라고 믿고 고백하였는데,
이러한 고백을 하려면 자신의 생명을 포기해야 했습니다.
서머나에서는 로마 정부와 결탁하여
기독교를 극심하게 핍박했기 때문입니다.

서머나 교회의 초대 감독이자
사도 요한의 제자로 잘 알려진 폴리갑은
한 번만 주를 부인하고 황제를 주라 고백하면
살려 주겠다는 관리의 말에

"내 평생 동안 주님이 나를 한 번도 부인한 적이 없는데
내가 어찌 주님을 부인하겠습니까?"라며 단호히 거절했습니다.

결국 그는 예수 그리스도만이
주가 되심을 고백하다가 화형을 당했습니다.

한순간 타오르다가 사그라질 불꽃은
결코 그의 믿음을 빼앗을 수 없었습니다.

| 이재록 목사 저서 『일곱교회』 중에서 |

Part 6

절기를 위한 만나

Six-day Manna

"감사로 제사를 드리는 자가

나를 영화롭게 하나니

그 행위를 옳게 하는 자에게

내가 하나님의 구원을 보이리라"

시편 50:23

Chapter 24

맥추절을 지키라

[맥추절]

맥추절의 유래와 영적 의미를 알아
하나님이 기뻐하시는 맥추절을 지키게 한다.

읽을 말씀: 출애굽기 23:14~18

… 맥추절을 지키라 이는 네가 수고하여 밭에 뿌린 것의 첫 열매를 거둠이니라 수장절을 지키라 이는 네가 수고하여 이룬 것을 연종에 밭에서부터 거두어 저장함이니라 …

외울 말씀: 데살로니가전서 5:16~18

항상 기뻐하라 쉬지 말고 기도하라 범사에 감사하라 이는 그리스도 예수 안에서 너희를 향하신 하나님의 뜻이니라

참고 말씀: 신명기 16:10

네 하나님 여호와 앞에 칠칠절을 지키되 네 하나님 여호와께서 네게 복을 주신 대로 네 힘을 헤아려 자원하는 예물을 드리고

너는 엿새 동안 일하고 제칠 일에는 쉴지니 밭 갈 때에나 거둘 때에도 쉴지며 칠칠절 곧 맥추의 초실절을 지키고 가을에는 수장절을 지키라 출애굽기 34:21~22

이스라엘 백성들은 약 40년 동안 광활한 광야의 모래밭을 보며 살았습니다. 그러다가 가나안 땅에 들어와서 누렇게 익은 밀밭 풍경을 볼 때 참으로 가슴이 벅찼을 것입니다. 하나님께서 주신 땅에 씨를 심고 그 열매를 수확할 때 얼마나 감격스러웠을까요? 하나님께서는 이 훗날의 일을 미리 아셨기에 이스라엘 백성이 가나안 땅에 이르기도 전에 그곳에 들어가면 맥추절을 지키라고 하셨습니다.

1. 맥추절의 유래와 의미

출애굽기 23장 16절에 "맥추절을 지키라 이는 네가 수고하여 밭에 뿌린 것의 첫 열매를 거둠이니라" 말씀했습니다.

맥추절은 이스라엘 3대 절기 중 하나로 밭에 뿌린 것의 첫 열매를 거둔 후 감사하는 절기입니다. 이스라엘에서는 보리 추수가 거의 끝날 무렵 밀

추수가 시작됩니다. 맥추절은 이렇게 밀 추수가 시작될 때 새로 추수할 곡물을 주심에 감사하는 절기이지요.

이는 이스라엘에서 가장 큰 농경 축하제라 할 수 있으며 칠칠절(七七節) 또는 오순절(五旬節)이라고도 부릅니다. 칠칠절은 그 시점이 유월절로부터 7주 후라 붙여진 이름이고, 오순절은 50일째 되는 날이므로 붙여진 이름입니다.

맥추절은
누가, 언제, 왜
지키는 절기일까요?

우리나라 기독교에서는 오순절에 성령 강림 사건이 있었으므로 유대 전통의 오순절을 성령강림주일로 지키고 있으며, 후반기 첫 주일을 맥추감사주일로 지킵니다.

전반기 동안 은혜 주시며 지켜 주신 하나님께 감사하고 후반기에도 함께해 주시기를 바라는 마음으로 7월 첫 주일에 지키는 것입니다. 이처럼 매년 하나님께서 명하신 절기를 지키면서 하나님의 자녀들은 미처 깨닫지 못하고 지나쳐 버린 것들을 찾아 감사할 수 있습니다. 또한 하나님의 은혜와 사랑을 더 깊이 느끼고 마음에 새길 수 있게 됩니다.

아버지 하나님과 사랑하는 자녀들이 깊은 교제를 나눌 수 있는 절기를 맞아 모든 감사의 조건이 하나님께로부터 말미암았음을 인정하고 마음과 뜻과 정성을 다해 감사해 보십시오. 하나님께서 더 많은 감사의 조건을 풍성하게 부어 주시는 것을 느낄 수 있습니다.

2. 맥추절을 지키는 방법과 영적 의미

민수기 28장 26~31절에 보면 "칠칠절 처음 익은 열매 드리는 날에 너희가 여호와께 새 소제를 드릴 때에도 성회로 모일 것이요 아무 노동도 하지 말 것이며 수송아지 둘과 숫양 하나와 일 년 된 숫양 일곱으로 여호와께 향기로운 번제를 드릴 것이며 … 다 흠 없는 것으로 상번제와 그 소제와 전제 외에 그것들을 드릴 것이니라" 말씀했습니다.

칠칠절 곧 맥추절에는 아무 노동도 하지 말고 축제와 같은 행복한 시간을 보내게 했습니다. 이때는 일반적으로 드리는 제사 외에 첫 수확의 결실인 고운 가루에 누룩을 섞어 구운 두 덩어리 떡을 소제로 드렸습니다.

또한 번제와 속죄제를 드렸는데 이는 구원받은 성도들이 성령 충만함 속에서 항상 몸과 마음을 바쳐 온전히 하나님께 헌신해야 함을 뜻합니다. 나아가 우리를 구원하시려 십자가를 지신 예수님을 기념하고 그의 살과 피를 먹고 마심으로 더욱 거룩해져야 함을 나타내지요.

오늘날
맥추절을 지키는
영적 의미를 알고 있나요?

따라서 맥추절을 지키는 영적 의미는 밭에 뿌린 곡식의 첫 열매를 거두게 하시고, 오순절에 성령께서 강림하심으로 성령으로 영을 낳아 하나님의 거룩한 자녀가 되게 하심에 감사하는 것입니다. 또한 멸망의 길로 갈 수밖에 없는 우리에게 하나님의 자녀 된 권세를 얻게 하심에 감사하는 것이지요.

우리는 아담의 불순종으로 영이 죽어 하나님과 교통할 수 없었습니다. 그러나 예수 그리스도로 말미암아 영이 살아 다시 하나님과 교통할 수 있게 되었고 구원과 영생을 얻었습니다. 나아가 그리스도의 몸 된 교회를 이루며 그리스도의 형상을 닮아가고 있으니 얼마나 감사한 일입니까. 우리는 그 은혜와 사랑을 결코 잊어서는 안 되겠습니다.

3. 맥추감사제

신명기 16장 16~17절에 "너희 중 모든 남자는 일 년 삼차 곧 무교절과 칠칠절과 초막절에 네 하나님 여호와의 택하신 곳에서 여호와께 보이되 공수로(즉 빈손으로) 여호와께 보이지 말고 각 사람이 네 하나님 여호와의 주신 복을 따라 그 힘대로 물건을 드릴지니라" 하셨습니다.

하나님은 사람의 마음 중심을 보시고 마음의 향을 받으신다고 하셨는데 왜 여기서는 빈손으로 보이지 말고 예물을 드리라고 말씀하셨을까요?

맥추감사제에 예물을 드리는 이유는 무엇인가요?

먼저, 하나님께 감사하는 마음을 잊어서는 안 되기 때문입니다. 감사는 '행함'으로 표현할 때 온전해지고 그 향이 더 진해지기 마련입니다.

야고보서 2장 22절에 "믿음이 그의 행함과 함께 일하고 행함으로 믿음이 온전케 되었느니라" 하신 대로 '감사'도 마찬가지입니다.

예물을 드림으로써 "하나님께서 저에게 이런 감사의 조건을 주셨습니다."라고 참으로 인정하게 됩니다. 마태복음 6장 21절에 "네 보물 있는 그곳에는 네 마음도 있느니라" 하신 대로 예물을 드림으로써 자신의 감사가 마음에서 우러난 참 감사임을 아버지 하나님 앞에 보여드리게 되지요.

또한 말로만 "감사합니다. 사랑합니다." 할 때보다 마음을 자신의 소중한 것에 담아 드릴 때 그 향이 더욱 진할 수밖에 없습니다. 자신을 희생하고 헌신하여 귀한 것을 드림으로써 그 감사의 고백에 진액이 담기기 때문입니다.

마리아는
예수님께 대한
감사와 사랑의 표현을
어떻게 했나요?

요한복음 12장을 보면 베다니에 사는 나사로의 누이 마리아가 사랑하는 예수님께 향유를 부어드리는 장면이 나옵니다.

"마리아는 지극히 비싼 향유 곧 순전한 나드 한 근을 가져다가 예수의 발에 붓고 자기 머리털로 그의 발을 씻으니 향유 냄새가 집에 가득하더라" (요 12:3)

마리아는 예수님께 대한 감사와 사랑을 어떻게든 표현하고 싶었습니다. 요한복음 11장에는 마리아의 오라비 나사로가 병들었다가 죽어 무덤에 장사되었는데 예수님께서 살려 주신 내용이 나옵니다. 예수님은 죽은 지 나흘이나 된 나사로를 살려 주셨을 뿐 아니라 하나님 말씀 듣기를 사모하는 마리아 가정을 사랑해 주셨습니다. 영적인 말씀을 가르쳐 주시고 죽은 자를 살리는 권능으로 참 믿음과 천국 소망을 심어 주셨습니다.

그래서 베다니의 마리아는 자기의 가장 소중한 것, 곧 지극히 비싼 향유를 가져다가 예수님의 발에 붓고 자기 머리털로 그의 발을 씻어 드렸습니다. 그 향이 얼마나 아름다웠는지 마리아의 행함을 못마땅히 여기는 가룟 유다에게 "저를 가만 두어 나의 장사할 날을 위하여 이를 두게 하라 가난한 자들은 항상 너희와 함께 있거니와 나는 항상 있지 아니하리라"(요 12:7~8) 하시며 장래 일도 알려 주셨습니다.

여러분도 마리아와 같이 주님께 아름다운 향을 드리고 계신가요?

우리가 받은 은혜 역시 마리아에 비해 적지 않을 것입니다. 모든 것에 진정 감사하는 사람은 자신의 귀한 것을 하나님께 드리고 하나님 나라를 위해 심기를 즐겨 합니다. 그런데 혹여 나는 늘 하나님께 받기만 하고 드린 것은 너무 적은 것 같아서 민망한 마음은 아니십니까? 또는 은혜를 받은 순간에는 "감사합니다." 하고 입술로만 고백하고 그 은혜를 곧 잊지는 않으셨는지요? 아니면 한결같이 큰일이든 작은 일이든 감사의 조건으로 여겨 정성 다한 예물을 드리셨는지요?

다음으로, 감사를 드릴 때 마음과 더불어 예물을 드리라 하시는 또 한 가지 이유는 더 많은 감사의 조건을 주시기 위함입니다. 고린도후서 9장 7절에 "각각 그 마음에 정한 대로 할 것이요 인색함으로나 억지로 하지 말지니 하나님은 즐겨 내는 자를 사랑하시느니라" 하셨습니다.

감사예물을 즐겨 드리는 것은 결국 밭에서 풍성한 소산을 거둔 후 또

다시 씨를 심는 것과 같습니다. 아무리 수확을 많이 했어도 금년에 또 심지 않으면 내년에 거둘 수가 없습니다. 감사도 마찬가지입니다. 심지 않으면 거둘 수 없고 감사로 심고 또 심을 때, 갈수록 더 큰 감사의 조건으로 이어집니다.

고린도후서 9장 6절에 "이것이 곧 적게 심는 자는 적게 거두고 많이 심는 자는 많이 거둔다 하는 말이로다" 하신 대로 많이 심을수록 많이 거두게 되는 것이 영계의 법칙입니다. 따라서 하나님께 범사에 즐겨 감사를 표현하는 분들은 심은 대로 거두는 축복을 늘 체험할 수 있습니다.

하나님께서는 사랑과 공의 가운데 역사하시며 30배, 60배, 100배로 주시기 원하시는 분입니다. 절기는 물론, 자신의 모든 삶 속에서 즐겨 감사를 표현하심으로 더욱 감사가 넘치는 복된 삶을 영위하시기 바랍니다.

Plus

'소제(素祭)'란?

레위기 2장 1절에 "누구든지 소제의 예물을 여호와께 드리려거든 고운 가루로 예물을 삼아" 하신 말씀대로 곡식을 곱게 갈아 드리는 제사이다. 이는 생명을 주시고 일용할 양식을 주시는 하나님께 감사하는 제사로서 오늘날 예배를 드릴 때에 그동안 지켜 주신 하나님께 드리는 감사의 예물을 의미한다.

Chapter 25

하나님께 감사

[추수감사절]

추수감사절의 유래를 알아
하나님께서 기뻐하시는 알곡 성도가 되게 한다.

읽을 말씀: 출애굽기 23:16

… 수장절을 지키라 이는 네가 수고하여 이룬 것을 연종에 밭에서부터 거두어 저장함이니라

외울 말씀: 시편 17:8

나를 눈동자같이 지키시고 주의 날개 그늘 아래 감추사

참고 말씀: 레위기 23:42

너희는 칠 일 동안 초막에 거하되 이스라엘에서 난 자는 다 초막에 거할지니

이는 내가 이스라엘 자손을 애굽 땅에서 인도하여 내던 때에 초막에 거하게 한 줄을 너희 대대로 알게 함이니라 나는 너희 하나님 여호와니라 레위기 23:43

이스라엘 백성이 40년 광야생활을 마치고 젖과 꿀이 흐르는 가나안 땅에 들어가 풍성한 소산으로 하나님께 제사를 드릴 때 얼마나 감격스러웠을까요? 우리도 광야 같은 이 세상에서 주님을 만나 영혼이 잘됨같이 범사가 잘되고 강건한 축복을 받으며 새 예루살렘에 들어갈 자격을 갖춘다면 얼마나 감동스럽고 하나님께도 기쁨이 될까요?

1. 추수감사절의 유래

추수의 계절을 맞아 영육 간에 풍성한 열매를 거두게 하신 하나님께 감사 예배를 드리는 추수감사절의 유래를 살펴보면, 이스라엘의 절기 중 수장절과 밀접한 관계가 있음을 발견하게 됩니다. 출애굽기 23장 16절에 "수장절을 지키라 이는 네가 수고하여 이룬 것을 연종(年終 그해 마지막)에 밭에서부터 거두어 저장함이니라" 말씀하고 있습니다.

수장절은 원래 곡식을 자라게 하시고 추수할 수 있도록 도우신 하나님께 감사하는 절기입니다. 수확한 곡식을 저장한 후 '추수감사제'를 드림으로 한 해의 농사를 종결하였지요.

성경에는 수장절을 초막절 혹은 장막절이라고도 불렀습니다. 레위기 23장 34절에 "이스라엘 자손에게 고하여 이르라 칠월 십오일은 초막절이니 여호와를 위하여 칠 일 동안 지킬 것이라" 했습니다. 이스라엘 사람들은 수장절이 되면 초막을 짓고 그곳에서 7일간 지냈습니다. 이는 이스라엘 백성이 40년 광야생활을 하면서 초막을 짓고 산 것을 기념하기 위해서입니다.

이스라엘 백성에게
수장절을 지키라고 명하신
이유는 무엇일까요?

레위기 23장 42~43절에 "너희는 칠 일 동안 초막에 거하되 이스라엘에서 난 자는 다 초막에 거할지니 이는 내가 이스라엘 자손을 애굽 땅에서 인도하여 내던 때에 초막에 거하게 한 줄을 너희 대대로 알게 함이니라" 말씀합니다.

하나님께서는 이스라엘 백성에게 젖과 꿀이 흐르는 약속의 땅 가나안에 들어가면 풍성한 수확을 거두어 감동적인 추수감사제를 드리면서, 애굽에서 나와 광야생활을 했던 고난의 때를 잊지 말고 기념하도록 말씀하셨습니다. 따라서 수장절은 출애굽하여 40년 동안 광야생활을 한 이스라엘 백성을 하나님께서 보호하심과, 모든 추수를 완료한 것에 대한 감사로 제사를 드리는 절기입니다.

2. 청교도들의 신앙과 추수감사절

미국의 개척 역사는 하나님 말씀대로 살고자 하는 청교도들의 눈물과 감사로 시작되었다고 해도 과언이 아닙니다.

청교도들은 신앙의 자유를 찾아 위험을 무릅쓰고 신대륙을 향해 떠났습니다. 험난한 항해 끝에 마침내 미국 동부 플리머스 해안에 상륙했습니다. 도착한 그곳은 혹독한 추운 겨울이었습니다.

추위와 식량 부족으로 영양실조와 전염병에 걸려 수십 명이 목숨을 잃는 아픔을 겪기도 했지요. 더구나 가지고 온 보리와 밀은 신대륙의 기후 조건과 맞지 않아 농사도 완전히 실패하고 말았습니다. 극심한 추위와 배고픔, 원주민들의 위협과 앞날에 대한 두려움이 엄습해 왔습니다.

그런 상황에서 그들이 할 수 있는 일은 오직 하나님만 의지하여 기도하는 것이었습니다. 하나님께서는 그들의 간절한 기도를 들으시고 응답해 주셨습니다. 원주민인 인디언들이 적극적으로 도와주었지요.

인디언 추장 사모세트는 몇 가지 씨앗을 주면서 재배 기술까지 알려 주었습니다. 그의 도움으로 옥수수, 호박, 감자 등 햇곡식을 추수할 수 있었지요.

미국을 개척한
청교도들의 신앙은
어떠했나요?

청교도들은 귀한 열매를 주신 하나님께 감사예배를 드렸습니다. 그리고 감자, 옥수수, 호박으로 만든 팬케이크를 굽고 칠면조 고기를 요리했지요. 인디언들을 초대해 함께 먹으며 신대륙에서 첫 추수감사절을 가졌습니다.

청교도들은 절망적인 환경에서도 주저앉지 않았습니다. 그럴수록 하나님께 부르짖어 기도하였고, 나아가 교회와 학교를 세웠습니다. 그들은 고통을 기쁨으로, 불행을 행복으로 바꾸어 나감으로 마침내는 강대국 미국을 건설하였습니다.

3. 추수감사절을 맞아 하나님께 감사할 것은

창조주 하나님의 크신 섭리 가운데 예수 그리스도를 영접하여 성령을 선물로 받고 성부, 성자, 성령 삼위일체 하나님의 사랑을 깨달은 성도들은 추수감사절을 맞아 무엇에 감사해야 할까요?

여러분은 얼마나 질병, 사고, 재앙으로부터 지킴 받고 있나요?

먼저, 이 세상의 수많은 질병, 사고, 재앙으로부터 사랑하는 하나님의 자녀들을 불꽃 같은 눈동자로 지키시며 보호해 주신다는 사실입니다.

오늘날 명명된 병만 해도 약 1억 2천 개가 넘습니다. 이중에는 세상 의학으로 완치할 수 없는 불치, 난치병이 수두룩합니다. 신종, 변종 질병도 끊임없이 출현하고 있습니다. 정신적인 병, 마음의 병도 심각합니다.

수많은 사람이 자살로 이어지는 우울증을 앓고 알코올, 마약의 노예로 살아갑니다. 그래서 부와 명예, 권세도 있고, 겉보기에는 아무 문제가 없어 보이는데도 자살하기도 하지요. 이 외에도 우리가 모르는 병, 의학으로 밝힐 수 없는 병도 수없이 많습니다. 이처럼 질병 많은 세상 속에서도 하나님 말씀대로 사는 사람은 하나님께서 늘 지켜 주셨습니다.

질병이나 사고, 재앙을
만나지 않으려면
어떻게 해야 할까요?

여 성도 한 분은 '양수과소증'으로 도저히 살릴 길 없었던 태아를 기도를 받고 무사히 출산했습니다. 양수가 거의 없는 태반 속에서 그 연약한 생명이 하나님의 권능으로 살아남았지요. 또 한 분은 급성 맹장염이 복막염으로 진전되어 위급한 상황에 처했습니다. 병원에 누워서 수술을 기다리던 중 통회자복을 한 후 기도를 받았는데 수술을 받지 않고 건강을 회복했습니다.

이처럼 하나님은 사랑이십니다. 하나님을 사랑하고 간절히 찾으면 만나 주십니다. 하나님께서는 질병뿐만 아니라 각종 재앙과 사고로부터도 능히 지켜 주실 수 있습니다.

날이 갈수록 지구는 대지진과 가뭄과 산불, 태풍, 폭우, 폭설 등 자연재해 소식이 끊이지 않습니다. 이렇게 위험천만한 세상 속에서도 하나님께서는 능히 지켜 주실 수 있지요. 성경에 기록된 하나님 말씀대로 살면 하나님께서는 누구나 지켜 주십니다.

혹 하나님 말씀 안에 거하지 못해서 질병에 걸리거나 사고를 당해도 철저히 돌이키고 믿음으로 창조주 하나님을 의지하면 해결됩니다.

시편 17편 8절에 “나를 눈동자같이 지키시고 주의 날개 그늘 아래 감추사” 말씀한 대로 하나님께서는 안전하게 지켜 주십니다. 이 사랑을 마음에 되새기며 살아 계신 하나님께 감사 예배를 드리시기 바랍니다.

가장 아름다운 천국 새 예루살렘 성을 얼마나 소망하고 있나요?

다음으로, 추수감사절을 맞아 하나님께 감사할 것은 무엇일까요?

하나님을 사랑하는 자녀들에게 영원한 천국 소망을 주시되 가장 아름다운 천국 새 예루살렘 성에 대한 소망이 온전해지도록 은혜와 감동을 주신다는 사실입니다.

전 세계 수많은 성도들이 『천국』 책자를 읽고 “이 책이 제 삶을 바꾸어 놓았습니다. 천국을 막연하게만 생각했는데 이제 생생하게 그려집니다. 천국 소망이 더해지니 신앙생활이 행복해졌습니다.”라고 간증하고 있습니다. 이분들의 한결같은 소원은 가장 아름다운 천국 새 예루살렘 성에 가는 것이지요.

이제는 “저도 새 예루살렘 성에 갈 수 있다는 믿음이 생겼습니다.”라고 고백하는 분들이 참으로 많습니다. 데살로니가전서 5장 24절에 “너희를 부르시는 이는 미쁘시니 그가 또한 이루시리라” 말씀한 대로 자신의 힘으로는 갈 수 없지만 하나님께서 새 예루살렘 성까지 이끄실 것이라는 확신이 생긴 것입니다.

우리를 위해 천국을 만드시고 예수 그리스도를 통해 구원에 이르게 하시며 마지막 때에 성령의 역사 속에 하나님의 참 자녀로 양육하시는 아버지 하나님께서 친히 주신 찬양이 있습니다.

"진주문 지나 새 예루살렘 들어와 보니 지난 일들 내 눈앞에 스쳐 지나가네" 이 찬양의 주인공은 바로 여러분 자신입니다. 이런 은혜를 주신 아버지 하나님께 모든 감사와 영광을 올려 보시기 바랍니다.

사랑의 하나님께서는 참으로 많은 축복과 은혜를 부어 주셨습니다. 알곡처럼 우리의 영혼이 잘되게 하시고 이 험한 세상 속에서도 지켜 주시며 의의 길로 인도해 주셨습니다. 이렇게 좋으신 하나님을 마음과 뜻과 정성을 다해 더욱 사랑함으로 새 예루살렘 성의 주인공이 되시기 바랍니다.

Plus

'새 예루살렘 성의 열두 진주문'

새 예루살렘 성의 성곽에는 동서남북에 각각 세 개씩 열두 개의 문이 있다. 문마다 큰 천사가 지키고 있어 성의 위엄과 권세를 한눈에 느낄 수 있다.

가까이에서 보면 한참을 올려다볼 정도로 큰 아치형의 문 전체가 하나의 영롱한 진주로 되어 있다. 양쪽으로 문이 열리며 황금보석 손잡이가 달려 있으나 굳이 손으로 열지 않아도 저절로 열린다.

열두 진주문을 통과하려면 정금과 같은 믿음을 가져야 한다. 조개가 진주를 만들어 내기까지 고통을 인내한 것처럼 믿음의 연단을 잘 통과하여 승리했을 때 들어갈 수 있다.

Chapter 26

주님은 누구의 구주이신가

[성탄절]

동방박사들이 아기 예수님께 드린
세 가지 예물에 담긴 영적 의미를 알아본다.

읽을 말씀: 마태복음 2:1~12
… 아기와 그 모친 마리아의 함께 있는 것을 보고 엎드려 아기께 경배하고 보배합을 열어 황금과 유향과 몰약을 예물로 드리니라 …

외울 말씀: 누가복음 2:14
지극히 높은 곳에서는 하나님께 영광이요 땅에서는 기뻐하심을 입은 사람들 중에 평화로다 하니라

참고 말씀: 마태복음 1:21
아들을 낳으리니 이름을 예수라 하라 이는 그가 자기 백성을 저희 죄에서 구원할 자이심이라 하니라

지극히 높은 곳에서는 하나님께 영광이요 땅에서는 기뻐하심을 입은 사람들 중에 평화로다 하니라 누가복음 2:14

성탄절은 온 인류의 구세주가 되시는 예수님께서 이 땅에 오심에 감사하여 지키는 절기입니다. 하나님의 아들이신 예수님께서는 죄와 사망의 법에 매인 모든 인류를 구원하시고자 친히 이 땅에 오셔서 십자가에 못 박혀 돌아가심으로 하나님의 뜻을 다 이루어 드렸습니다. 이러한 예수님의 탄생은 하나님께는 영광이요 온 인류에게는 큰 축복인 것입니다.

1. 구유에 누이신 예수님

2천여 년 전, 예수님께서는 하나님의 섭리 가운데 구세주의 사명을 감당하기 위해 이 땅에 오셨습니다. 마태복음 1장 18절 이하를 보면 예수님은 성령으로 잉태된 하나님의 아들로서 '자기 백성을 저희 죄에서 구원할 자'라고 했습니다.

이처럼 사람의 몸을 입고 이 땅에 오신 예수님은 하나님의 아들인데도 호화로운 곳에서 태어나신 것이 아니라 보잘것없는 짐승의 우리에서 태어나 구유에 누이셨습니다. 그 이유는 무엇일까요? 이는 짐승과 다를 바 없는 사람들을 구원하시기 위함입니다(전 3:18).

원래 하나님께서는 사람을 하나님의 형상대로 지으시고 영이신 하나님과 교통을 이루며, 만물의 영장으로서 모든 생물을 다스리게 하셨습니다. 그러나 첫 사람 아담의 불순종으로 사람의 주인인 영이 죽으니 하나님과 교통을 이루지 못하고 죄 가운데 짐승과 다름없이 정욕대로 살게 되었습니다.

예수님께서
짐승의 구유에 누이신
섭리는 무엇일까요?

그러므로 예수님께서 짐승의 먹이를 담는 그릇인 구유에 누이셨다는 것은 짐승과 다를 바 없는 사람들의 참된 양식, 곧 영의 양식이 되고자 이 땅에 오신 것을 의미합니다.

요한복음 6장 51~55절에 보면 예수님께서는 "나는 하늘로서 내려온 산 떡이니 사람이 이 떡을 먹으면 영생하리라 … 인자의 살을 먹지 아니하고 인자의 피를 마시지 아니하면 너희 속에 생명이 없느니라 … 내 살은 참된 양식이요 내 피는 참된 음료로다" 말씀했습니다.

이처럼 예수님께서는 영이 죽어 짐승과 다를 바 없게 된 사람을 하나님께서 원하시는 참 자녀로 변화시켜 주시기 위해 친히 영의 양식이 되어 주셨습니다.

2. 예수님의 탄생을 계시 받은 사람들

마태복음 2장 1절 이하를 보면 동방으로부터 박사들이 예루살렘에 이르러 "유대인의 왕으로 나신 이가 어디 계시뇨"라고 물으며 그의 별을 보고 경배하러 왔다고 합니다. 그러자 헤롯 왕과 온 예루살렘이 이 소식을 듣고 소동이 일어났습니다.

헤롯 왕은 모든 대제사장들과 백성의 서기관들을 모아 "그리스도가 어디서 나겠느뇨"라고 묻습니다. 그리고 그들이 가르쳐 준 대로 박사들을 베들레헴으로 보내며 아기를 찾거든 알려 달라고 합니다. 이는 예수님을 경배하고자 함이 아니라 죽이고자 함이었지요.

동방박사들은 별을 보고 예수님이 태어나신 곳을 찾아가 경배하고 예물을 드렸습니다. 하나님께서 박사들의 꿈에 헤롯 왕에게 가지 말라는 지시를 하시니 그들은 고국으로 돌아갑니다.

예수님의 육의 부친인 요셉도 꿈을 통해 지시를 받아 온 가족이 헤롯 왕을 피해 애굽으로 떠났습니다.

동방박사들은
예수님이 탄생하신 곳을
어떻게 찾았나요?
(마 2:9)

그 당시 성경을 많이 알고 가르치는 바리새인, 율법학자, 서기관들이 있었지만 정작 예수님의 탄생을 계시 받고 경배한 사람은 이들이 아니었습니다.

누가복음 2장 8~20절에 보면, 밤에 밖에서 자기 양 떼를 지키던 목자들에게 천사가 나타나 다윗의 동네에 구주가 나신 것을 알려 주었습니다. 양 치는 목자들은 당시 사회적으로 가장 낮은 계층으로서 가난하고 소외된 사람들이었으나 마음이 겸손했기에 하나님의 사랑을 받았고 아기 예수님께 경배드릴 수 있었습니다.

예수님의 탄생을 계시 받고 경배한 사람은 누구일까요?

의롭고 경건하여 이스라엘의 위로를 기다리던 시므온이라는 사람은 예수 그리스도를 보기 전에는 죽지 아니하리라는 성령의 지시를 받았습니다. 그는 성전에서 아기 예수님을 알아보고 하나님께 찬송하며 영광을 돌렸습니다. 안나라는 여 선지자는 어떻습니까? 나이 많아 늙었는데도 성전을 떠나지 않고 주야에 금식하며 기도하더니 아기 예수님을 구세주로 알아보고 하나님께 영광 돌렸습니다(눅 2:25~38).

3. 세 가지 예물의 의미

동방으로부터 온 박사들은 인류를 구원하시기 위해 이 땅에 오신 예수님께 엎드려 경배하고 보배합을 열어 세 가지 예물을 드렸습니다. 온 인류를 대표하여 이 땅에서 가장 귀히 여기는 것, 곧 황금과 유향과 몰약을 드렸던 것입니다. 이 예물은 영적으로 무엇을 의미하며 예수님께서는 세 가지 예물을 받으시고 우리에게 무엇을 주셨을까요?

1) 황금의 영적 의미

동서고금을 막론하고 사람들이 귀히 여기는 황금은 재물과 부귀를 뜻합니다. 그런데 "네 보물 있는 그곳에는 네 마음도 있느니라"(마 6:21) 하신 대로 황금은 또한 마음을 뜻한다고 볼 수 있습니다.

하나님께서 아담과 하와를 창조하셨을 때에는 모든 것이 부족함 없이 풍족하였으나, 첫 사람 아담의 범죄로 그의 후손들도 가난과 고통 속에 살게 되었습니다. 그래서 예수님께서 짐승의 우리에서 태어나 친히 가난한 길을 가심으로 우리를 부요케 하신 것입니다(고후 8:9).

부의 상징인 황금을 예물로 받으신 예수님께서는 우리에게 무엇을 선물로 주셨을까요? 누구든지 예수 그리스도를 영접하면 하나님의 자녀 된 권세를 얻고 영원한 천국에 들어갈 수 있게 해 주셨습니다.

2) 유향의 영적 의미

유향은 좋은 냄새를 풍기며 악취를 제거해 줍니다. 따라서 유향을 예물로 드린 영적 의미는 더럽고 냄새나는 악을 버리고 그리스도의 향기를 발한다는 것입니다.

예수님께
유향을 예물로 드린 것은
무엇을 상징할까요?

마태복음 23장 27절에 "화 있을진저 외식하는 서기관들과 바리새인들이여 회칠한 무덤 같으니 겉으로는 아름답게 보이나 그 안에는 죽은 사람의 뼈와 모든 더러운 것이 가득하도다"

했고, 마태복음 15장 11절에는 "입에 들어가는 것이 사람을 더럽게 하는 것이 아니라 입에서 나오는 그것이 사람을 더럽게 하는 것이니라" 하여 얼마나 사람의 마음이 더럽고 악취가 나는 것인가를 말씀하고 있습니다. 하나님께서는 우리의 근본 마음이 깨끗하고 아름답게 변화되기를 원하십니다. 그러므로 유향을 예물로 받으신 예수님께서는 인류의 더럽고 냄새나는 모든 죄악의 문제를 대속하시고 성결에 이르도록 인도하고 계십니다.

3) 몰약의 영적 의미

몰약은 고대로부터 방향제 및 방부제로 사용되었으며 즙액은 향수, 의료품, 구강 소독 등에 쓰이고 장사지낼 때 시체를 썩지 않게 뿌리는 용도로 사용되었습니다. 따라서 예수님께 몰약을 예물로 드린 것은 영적으로 썩지 아니할 것, 즉 변함없는 믿음을 드린다는 것입니다.

예수님께 몰약을 드린 것은 영적으로 무슨 의미일까요?

이를 받으신 예수님께서는 그 이름을 믿는 사람들에게 무엇을 주셨을까요? 성령을 선물로 주시고, 죽은 영이 살아나 영원히 썩지 아니할 영체의 몸으로 영생을 얻게 하셨습니다.

4. 성탄절의 영적 의미

동방박사들은 인류를 구원하시기 위해 이 땅에 오신 예수님께 모든 인류를 대표하여 경배하였습니다. 그러나 예수님은 무조건 만인의 구세주가 되시는 것은 아닙니다. 마음 문을 열고 예수 그리스도를 영접하는 사람만이 하나님의 자녀 된 권세를 얻을 수 있습니다.

동방박사들이 황금과 유향, 몰약을 예물로 드렸듯이, 우리도 영원한 천국을 주신 주님께 귀한 예물을 준비해야 하겠습니다. 나아가 가장 아름다운 천국 새 예루살렘 성을 사모하며 주님의 마음을 닮아 변함없는 믿음으로 하나님을 기쁘시게 하는 자녀가 되어야 할 것입니다.

세 가지 예물의 영적 의미를 깨달아 몸과 마음과 뜻과 정성을 다해 "지극히 높은 곳에서는 하나님께 영광이요 땅에서는 기뻐하심을 입은 사람들 중에 평화로다"(눅 2:14) 고백하며 하나님께 마음껏 영광 돌리는 성탄절이 되시기 바랍니다.

Plus

'베들레헴'

예수님이 태어나신 곳이다(눅 2:4). 베들레헴은 풍요로움을 의미하는 곳으로 다윗 왕의 출생지이기도 하다(삼상 16:1).
미가서 5장 2절에 "베들레헴 에브라다야 너는 유다 족속 중에 작을지라도 이스라엘을 다스릴 자가 네게서 내게로 나올 것이라 그의 근본은 상고에, 태초에니라"고 예언되어 있다.

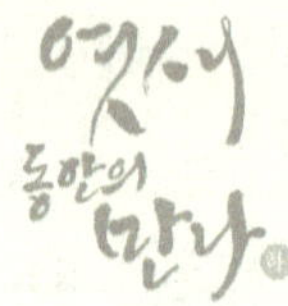

초판 1쇄 발행 1990년 4월 1일
6쇄 발행 2000년 8월 30일
2판 1쇄 발행 2015년 6월 13일

지은이 이재록
발행인 빈성남
편집인 빈금선

발행처 우림북
영업부 02-837-7632, 070-8240-2072
팩 스 02-869-1537

등록번호 164-11-01027

값 10,000원

ISBN 978-89-7557-986-8
ISBN 978-89-7557-957-8(set)

우림

우림은 구약 시대에 대제사장이 하나님의 뜻을 묻기 위해 판결 흉패 안에 넣어 사용하던
도구 중의 하나이며, 히브리어로 '빛'이라는 의미가 있습니다(출애굽기 28:30).
빛은 곧 하나님 말씀이며 생명입니다.
우림북은 온 누리에 참 빛을 비추고자 오늘도 기도와 정성으로 문서선교 사역에 앞장서고 있습니다.

www.ingramcontent.com/pod-product-compliance
Lightning Source LLC
LaVergne TN
LVHW101917220826
846093LV00009B/282